—— 作者 ——

哈立德·科泽

华盛顿特区布鲁金斯学会人道问题研究员，布鲁金斯-伯恩移民项目副主任。2004到2005年期间，曾被临时调往全球移民事务委员会，为联合国秘书长撰写报告。在国际移民和难民问题方面多有著述，并曾参与编写《移民问题研究方法新探》和《新时期的非洲流散》。

A VERY SHORT INTRODUCTION

INTERNATIONAL MIGRATION

国际移民

[美国]哈立德·科泽 著
吴周放 —— 译

译林出版社

图书在版编目（CIP）数据

国际移民 /（美）哈立德·科泽（Khalid Koser）著；
吴周放译．—南京：译林出版社，2024.1(2024.10重印)
(译林通识课)
书名原文：International Migration: A Very Short Introduction
ISBN 978-7-5447-6417-9

Ⅰ.①国… Ⅱ.①哈… ②吴… Ⅲ.①移民问题 – 研究 – 世界
Ⅳ.①D523.8

中国国家版本馆 CIP 数据核字（2023）第 234658 号

国际移民［美国］哈立德·科泽 / 著　吴周放 / 译

责任编辑　荆文翰
装帧设计　孙逸桐
校　　对　王　敏
责任印制　董　虎

原文出版　Oxford University Press, 2007
出版发行　译林出版社
地　　址　南京市湖南路 1 号 A 楼
邮　　箱　yilin@yilin.com
网　　址　www.yilin.com
市场热线　025-86633278
排　　版　南京展望文化发展有限公司
印　　刷　徐州绪权印刷有限公司
开　　本　850 毫米 ×1168 毫米　1/32
印　　张　4.625
插　　页　4
版　　次　2024 年 1 月第 1 版
印　　次　2024 年 10 月第 2 次印刷
书　　号　ISBN 978-7-5447-6417-9
定　　价　59.00 元

序　言

宋德星

在当今世界，尽管绝大多数人都生活在被称为“国家”的领土共同体之中，但仍有相当规模的人群，由于各种原因，采取各种形式，包括以合法的和非法的途径，进行着跨国界的流动。其中，国际移民就是最常见的人员国际性流动的方式之一。实际上，在今天的中国，尤其是在都市里的人们，几乎都能通过媒体得知或直接观察到国际移民活动，并多少感受到了国际移民给国家政治生活乃至个人生活带来的诸多有形或无形的影响。因为一方面是我们身边不断有人移居海外，或者是有组织地进行着海外劳务输出，以至于新时期我国外交政策的一个十分重要的方面，就是强调要以人为本，其中包括保护海外的中国公民和海外华人的正当权益不受非法侵害；另一方面是来自国外的人们生活和工作在中国的大地上。结果，作为一种现象，国际移民问题不仅成为人们日常生活中一个津津乐道的议题，而且往往还会引发人们对这类问题的关联性思考，特别是与之相关的伦理道德判断和人道主义关切。

尽管国际移民现象就发生在我们身边，但要理性地认识和把握国际移民问题，特别是要读懂国际移民背后所隐藏着的、带有永恒性质的根本问题，显然并不是一件容易的事情。这是因为国际移民现象一方面由来已久，在人类历史上几乎就没有真正终止过，另一方面又经历了巨大的历史时空变化，结果使得人们思考和评判国际移民问题的维度不会也不可能一致。加之国际移民问题与发展、安全、政治、法律、伦理等问题紧密关联且相互作用，以至于一位学者认为，当代国际移民呈现出了“多样性和复杂性”并存的发展趋势。①

结果，当代国际移民，无论是全球性迁移还是区域性迁移，其政治效应的复杂程度，远远超乎人们的想象。除去那些人所共知的积极因素外，国际移民带给人们更多的是反思。首先，在国际政治意义上，它带来了一个主权国家不容回避的根本问题，即非法的移民流的存在，严重冲击着民族国家独立保护自己边界的能力，结果使得非法移民问题日益成为非传统安全领域的一个突出问题，以至于主权国家不得不认真加以应对。其次，就国内政治而言，国际移民最直接、最深远的影响在于，它在很大程度上改变了国家运作所必需的国内政治环境，因为随着人们向其他民族国家的规模性流动，少数民族集团或种族集团也就随之形成，进而以比其他利益集团更加高效的方式进行着政治动员，并最终在身份认同问题上提出自己的政治意愿和要求，即强调目的地国有责任和义务尊重其基本人权和给予消除民族差别的公平待遇。也

① ［英］戴维·赫尔德等著，杨雪冬等译：《全球大变革——全球化时代的政治、经济与文化》，社会科学文献出版社，2001年，第421页。

就是说，国际移民不仅引发了带有显著政治意涵的国内政治争议，而且将不可避免地重塑政治利益和对这些利益的理解，结果往往导致种族冲突。最后，由于人们越来越认识到国际移民现象不可避免，于是在应对国际移民的消极影响方面，也就催生了观念层面上的重大变化，即由片面地强调通过国家政策控制移民，发展为国际社会共同管理国际移民。正是在这个意义上，移民问题的国际和国内分野日渐模糊。结果，人们再也不像以前那样，仅仅是从国内政治的单一视角来思考移民问题了。

就像环境、能源等全球性议题一样，今天，国际移民问题是如此地贴近人们的生活，对国家又是如此地重要，以至于不仅政治家、研究人员，而且就连普通百姓，都应理性地认识和把握国际移民问题。显然，要把极具“多样性和复杂性”的国际移民问题讲清讲透，本身就极为不易；而要让普通百姓也能像专业人士一样去理解国际移民问题，则更加困难。然而，译林出版社推出的《国际移民》一书，不失为这方面的有益尝试，因为它把一个十分重要的专业领域，用最通俗易懂的方式呈现给了读者。首先，该书作者、美国移民问题专家哈立德·科泽不仅出版了大量有关移民、难民、国内流离失所者等方面的作品，而且还曾前往阿富汗、巴尔干地区、非洲之角、南非和西欧，就这类问题进行过实地考察。他强调其写作目的就是“为了给更加理智地讨论国际移民问题定下基调”，也就是说，通过凸显全球视野、对移民问题进行感情移入式的理解（即以实地考察为研究素材），以及透过对那些与移民活动密不可分的根本问题的关联性思考，来论说国际移民活动和现象。其次，在写作中，作者尽力避免使用政治和媒体的话语来论说国际移民问题，因为政治语言多半纠杂着权势斗争哲学，而媒体则往往夸大其词。例如，在第五章，作者用“非常规移民”取代“非法移民”这一政治用语，就是为了引导读者走出那些想当然的认识误区，从而为理性思考移民问题导引了正确的航向。最后，尽管这是一部简明的通识读本，但作者哈立德·科泽仍很好地凸显了该项研究的专业性质。这不仅体现在诸如移民、难民、非常规移民、寻求庇护者这类核心概念的解释上，更主要地，作者通过将移民问题置于全球语境之中，并辅之以长历史时段的分析，从而得以在一个短小的篇幅中，将国际移民问题放大再放大，促使读者不断地放飞自己的想象，去思考国际移民的未来。这或许就是该书得以成功的最大缘由吧。

相信中国读者也能从哈立德·科泽的著作中读出一些中国元素来，并以开放的、包容的、全球的眼界，来重新审视国际移民问题，因为这也是和谐世界建设中不容忽视的主要问题之一。

目 录

缩略语

CIS	独联体
EEA	欧洲经济区
ELR	特许居留
EU	欧盟
GCIM	国际移民全球委员会
GDP	国内生产总值
HDI	人类发展指数
HTA	老乡会
ICT	公司内部调动人员
IDP	国内流离失所者
ILO	国际劳工组织
IOM	国际移民组织
IPS	国际旅客调查
NAFTA	北美自由贸易协定
NGO	非政府组织
NIC	新兴工业化国家
OECD	经济合作与发展组织

PRD	珠江三角洲
UK	英国
UN	联合国
UNDESA	联合国经济和社会事务部
UNDP	联合国开发计划署
UNHCR	联合国难民事务高级专员公署
USA	美国

第一章

移民问题缘何重要

当前，国际移民比以往任何时候都要多，而且在可预见的将来，其数量必定还会增加。世界各国正在且将会继续受其影响。移民与其他包括发展、贫困及人权在内的重要的全球性问题有着不可分割的联系。移民往往是那些最具创业才能、最有活力的社会成员。回顾历史，移民在促进经济、建设国家及丰富文化等方面都起到了支柱性作用。同时，移民也带来了重大挑战。有些移民遭受剥削，人权受到侵犯，在与目的地国的融合过程中也会面临困难；此外，移民会使来源国丧失重要的技术人才。基于上述及其他一些原因，移民问题的确很重要。

国际移民简史

移民的历史可以一直追溯到东非大裂谷的人类先祖。生活在公元前一百五十万年到公元前五千年之间的直立人及智人最先从东非大裂谷迁徙到欧洲，之后又迁入其他大陆。古希腊的殖民以及古罗马的扩张都是凭借移民才得以实现的，欧洲之外的重要迁移也与美索不达米亚帝国、印加帝国、印度帝国以及中国的周王朝不无关系。历史早期的其他重要移民包括维京人的迁移。

图1　美墨边境是全球被穿越得最为频繁的国际边境——每年穿越该边境的人数约有三亿五千万

移民历史学家罗宾·科恩认为，在较近的历史时期，即过去两三百年间，出现了一连串重大移民时期或移民事件。十八和十九世纪最主要的移民事件当数奴隶的被迫迁移。主要来自西非的约一千二百万人被迫迁移到新大陆，少数人越过了印度洋和地中海。这次移民之所以如此重要，除其规模巨大外，原因之一就是它对奴隶的后裔尤其是非裔美国人仍有重要影响。奴隶制瓦解之后，大批的契约劳工从中国、印度以及日本涌入各欧洲大国继续在种植园劳作，仅来自印度的劳工就约有一百五十万之巨。

欧洲的扩张也离不开欧洲人大规模的自愿外迁，向殖民地、自治领及南北美洲的迁移尤其突出。英国、荷兰、西班牙及法国等商业大国，均鼓励国民到海外定居，其中不仅有工人，还有农民、持不同政见的军人、罪犯及孤儿。与扩张相关的移民活动随着十九世纪末反殖民运动的兴起而基本告终。事实上，在其后约五十年间还出现了重返欧洲的重大回流，如涌回法国的所谓黑脚杆（居于阿尔及利亚的法国人）。

下一个移民时期的到来是以美国作为工业强国的兴起为标志的。从十九世纪五十年代直到二十世纪三十年代的经济大萧条，数以百万计的工人从经济停滞的地区，从北欧、东欧及南欧国家源源不断地涌入美国，更不用说还有逃离饥荒的爱尔兰人。曾有大约一千二百万这类移民在纽约港的埃利斯岛登陆接受移民检查。

其后的重大移民时期是在第二次世界大战之后：为维持迅速繁荣起来的战后经济，欧洲、北美及澳大利亚都需要大量的劳动力。例如，在这一时期，许多土耳其移民到德国工作，不少北非人到法国及比利时工作。也正是在这一时期，约一百万英国人，即所谓的十镑移民，迁移到了澳大利亚。作为吸引新移民的一项措施，澳大利亚政府为他们支付路费并付给他们每人十英镑的赠金。同样是在这一时期，世界其他地区非殖民化对移民的影响仍在继续，最主要的是1947年印巴分治后数以百万计的印度教徒及穆斯林的迁移，以及以色列建国后犹太人和巴勒斯坦人的迁移。

尽管国际劳工移民潮在美国一直持续到二十世纪九十年代初，但在欧洲，到二十世纪七十年代时国际劳工移民潮就已告一段落。全球经济的发动机已经开始明显地向亚洲转移，但与此极不相符的是，亚洲的劳工移民仍在增长。稍后，在本书中我们会看到在过去二十年左右的时间里，寻求庇护者、难民及非常规移民向工业化国家的迁移已变得越来越重要。

对国际移民近期发展的概述不可能无所不包，而只能有所取舍，目的并不仅仅在于强调移民不是一个新现象，还在于确定本书中将反复出现的主题。移民问题与革命、战争以及大国兴衰等全球重大事件相关；移民问题与经济扩张、国家创建以及政治改革等重大变化相关；移民问题也同冲突、迫害、权利剥夺等重大问题不无关系。移民问题自古以来就很重要，当今亦是如此。

国际移民的维度及发展趋势

联合国将在常住国以外滞留至少一年的人定义为国际移民。根据这一定义，联合国估计2005年全球共有大约两亿国际移民，其中包括约九百万难民。这差不多相当于世界第五大人口大国巴西的人口。现在全球每三十五个人中就有一个是国际移民。

换句话说，现在全球人口中只有百分之三属于国际移民。但是移民的影响绝不仅限于移民本人——本书稍后将加以详细说明。移民对国内外的社会、经济及政治都有着重要的影响。颇具影响的《移民时代》一书的作者斯蒂芬·卡斯尔斯和马克·米勒写道：

> 今天无论是在工业化国家还是欠发达国家，没有移民经历和不受到移民影响的人实在少见。这种普遍的经历与感受已经成为移民时代的标志。

在仅仅二十五年里，国际移民的数量翻了不止一番，在二十一世纪头五年就增加了两千五百万（表1. 1）。1990年以前，大多数国际移民生活在发展中国家；而今天大多数国际移民生活在发达国家，且比例正在增长。1998年到2000年之间，发展中国家的移民从五千两百万增加到六千五百万，与之相比，发达国家的移民则从四千八百万增至一亿一千万。2000年，欧洲移民约六千万，亚洲四千四百万，北美洲四千一百万，非洲一千六百万，而拉丁美洲和澳大利亚总共才六百万。2000年约百分之二十的移民（三千五百万）生活在美国。俄罗斯是当年最为重要的第二大移民侨居国，当年约接纳移民一千三百万，几乎是全球移民总数的百分之八。德国、乌克兰以及印度的排名紧随其后，各在六百万到七百万之间。

表1.1　国际移民数量分布一览（按世界区域划分，时间跨度从1970年到2005年，单位为百万）

年　份	1970	1980	1990	2000	2005
全球总数	81.5	99.8	154.0	174.9	200（估计）
发达国家总数	38.3	47.7	89.7	110.3	无数据
发展中国家总数	43.2	52.1	64.3	64.6	无数据

来源：联合国经济和社会事务部，《世界经济与社会调查：国际移民》（纽约：联合国，2004）

要说清国际移民的最大来源国是哪些就困难多了，这主要是因为来源国一般不统计在外侨民的数量。尽管如此，据估计，当前旅居海外的华人至少有三千五百万，印度人有两千万，菲律宾人有八百万。

上述事实和数据传达了一个强烈的信息：当今国际移民影响着全球每一个角落。全球移民中，由“南”至“北”的移民比例增加了。在第三章我会说明人们从穷国迁往富国的重要原因。同时，对于区域内的重大移民活动也不可忽视。在波斯湾各国工作的亚洲移民约达五百万。据估计，南非约有两百五十万到八百万的非常规移民，几乎全都来自撒哈拉沙漠以南的非洲国家。在第六章我们会看到，发展中国家的难民比发达国家的难民要多很多。同样，每年移居英国的欧洲人也比从欧洲以外移居英国的人要多，这些欧洲人当中有不少都是因海外任职期满而重返故土的英国人。

除了国际移民的规模及不断变化的地理分布之外，至少还有三个趋势标志着当代与早先国际移民的模式及过程已是大相径庭。第一个趋势是，移民中女性的比例迅速增加。2005年女性移民的数量几乎占到移民总量的百分之五十。她们当中超过一半人生活在发达国家，其余则在发展中国家。据联合国统计，2005年，欧洲、拉丁美洲、加勒比海地区、北美洲、大洋洲及前苏联地区的女性移民超过了男性移民。此外，尽管长久以来女性移居海外是为了与配偶相聚，但现在越来越多的女性已是独立移民。她们往往是其国内家庭的主要经济来源。

女性移民日益增多的原因有很多。原因之一是，对海外劳动力的需求越来越显现出性别倾向。这些需求集中在主要由女性从事的诸如服务、医疗保健及娱乐等行业，在较发达国家尤其如此。第二个原因是，越来越多的国家已经把家庭团聚的权利惠及移民，换句话说，它们准许移民与其配偶及儿女团聚。这里所说的配偶往往都是女性。移民来源国国内性别关系的变化也意味着女性移民较以往有更大的自主性。还有一个原因是，从事家务劳动的女性移民（亦称“女佣贸易”）、有组织的婚姻移民（亦称“邮购新娘”），以及拐卖女性从事性服务的现象都日渐增多，在亚洲尤甚。

第二个趋势是，传统上对来源国、过境国及目的地国的区分现在已经越来越模糊。今天，几乎世界上每一个国家都同时扮演着这三个角色，都有移民离境、过境及入境。或许世界上没有任何一个地方比地中海地区更能说明来源国、过境国及目的地国三者之间的界限是何等模糊了。大约五十年前，这种区分还相当清楚。当时所有的地中海国家，不管是位于北非还是南欧，都是移民来源国，这些移民主要是去北欧工作。二十年前，随着越来越多的北非人到经济日益繁荣的南欧工作，以及与此同时有心北上工作的南欧移民的减少，南欧由移民迁出地变成了移民迁入地。今天，北非也正在由一个移民来源地向移民过境地和移民目的地转变。越来越多的移民从撒哈拉沙漠以南的非洲地区迁往利比亚、摩洛哥及突尼斯。有些人定居下来，有些人（通常是非法地）越过地中海来到南欧，在南欧又有些人定居下来，有些则继续迁至北欧。

第三个趋势是，过去几百年间重大的移民活动大多都是永久性的，而如今短期移民变得越来越重要。即便是那些在国外度过大半生的人也梦想能够重返故土，回到出生地。现在，相对而言，移民到某个国家并在那里终其一生的人已不多见。

再者，移民一次便重返故国的传统模式似乎已渐次消亡。越来越多的人一生移民数次，经常是到不同的国家或地区，其间返回祖国。国际旅行较以前便宜很多，也更为便利，因此，即使是那些长期在外的移民，回国也越来越频繁。在来源国与目的地国之

图2　一辆满载移民的卡车从尼日尔的阿加德兹开往北非

间往返且在目的地国只短期居住的所谓旅居移民有着悠久的历史，如十九世纪及二十世纪初在东南亚和澳大利亚的多数中国移民即属此类。而现在，这种来回往返的移民已是规模空前，交通与通讯革命方面的发展更是促进了这类移民。

循环移民

移民问题专家约翰·索尔特在其2005年向欧洲委员会所作的报告《当前欧洲移民问题的趋向》中指出了欧洲移民的几种新类型（第十九页）："阿尔及利亚的移民路线已经有了根本改变。传统上迁入法国的劳工移民已经被各种循环移民代替，其中许多阿尔及利亚人成为手拎皮箱、足迹遍及地中海地区的商人。他们通常服务于旅游市场，其迁移在家族网络中进行，这使得他们随便在哪个城市都能够把握商机。据了解，罗马尼亚人也通过非正式的跨国网络进行循环移民，并利用这种网络打入面向非法劳工的各种劳动力市场。二十世纪九十年代早期从特兰西瓦尼亚迁往德国的日耳曼人也是循环移民，他们在德国工作，间或返回罗马尼亚生活。"

国际移民的机遇

在人类历史上移民活动从未中止过，且影响重大。它促进了世界经济增长，对国家和社会的发展做出了贡献，同时也丰富了许多文化与文明。移民已成为最有活力、最具创业精神的社会成员。为了给自己以及子女创造新的机会，他们背井离乡，做好了冒险的准备。比如，美国经济增长史在诸多方面都可算作移民史：安德鲁·卡内基（钢铁业）、阿道弗斯·布施（啤酒业）、塞缪尔·高德温（电影业）以及海伦娜·鲁本斯坦（化妆品业）均为移民。柯达、大西洋唱片公司、美国无线电公司、美国全国广播公司、谷歌、英特尔、Hotmail、太阳微系统、雅虎和易趣网都是由移民创办或联合创办的。

在当今世界，国际移民继续在国家、地区及全球事务中扮演着重要角色，尽管这一角色往往不被承认。在许多发展中国家，较之由富国提供的官方援助，移民寄回家的钱成为更为重要的收入来源。在有些发达国家，经济的各个领域以及许多公共服务行业已高度依赖移民劳动力，倘若这些劳动力撤走，一夜之间就会崩溃。尽管难有实证，但人们常说，移民之于英国，价值胜过北海石油。据世界银行估算，全世界移民劳动力收入达二十万亿美元，其中绝大多数都投资在了自己所工作的国家。另有一项研究表明，美国大约一千五百万的外来劳动力给美国经济带来了超过一百亿美元的财富。移民劳动力因此被认为对经济增长做出了巨大贡献。在世界上很多地方，移民所做的不光是所在国国民不愿做的工作，而且还包括一些所在国国民无法从事的高价值活动。

移民及移民活动不光有助于经济增长，事实上，他们在社会和文化生活领域的影响或许最令人感受深刻。在世界范围内，民族、语言、风俗、宗教以及生活方式各异的人彼此之间正在形成前所未有的联系。不管承认与否，大多数社会如今至少已经或多或少具有多样性的特色。在对英国大学生授课时我经常会提到这个观点，指出在过去的二十四小时当中，他们吃的东西或者听的音乐几乎肯定是来自世界其他地方，他们所看的一流运动团队中有移民队员或是移民后裔。移民集中地出现在香港特别行政区、伦敦或者纽约这样的“国际化城市”绝非偶然。正是这样充满活力和创新精神而且高度国际化的大都会使世界上的人们、地域以及文化日益紧密地产生着联系。

国际移民的挑战

同时，倘若否认国际移民也形成了重大挑战，则未免有些天真。也许说得最多的要数移民与安全之间的联系。尤其是在“9·11”之后，认为国际移民与恐怖主义之间有着密切关系的看法已经形成。前不久马德里和伦敦的袭击事件更增强了这种看法。全球各地规模见长的非常规移民有时会被政客以及公众视为国家主权和公众安全的威胁。在不少目的地国家，当地社会越来越惧怕移民社区的出现，尤其是那些带有陌生异域文化又与极端主义和暴力有关的社区。

这些担忧不无道理，不容低估。随后几章将对其进行深入考察。同时，太多的注意力可能被放在了移民对目的地国及其所定居的社会的挑战上面了，而对那些移民本身、他们的家庭以及其身后的人民与社会所面临的挑战则关注不够。

首先应当记住，许多移民是因为别无选择才背井离乡的。2005年全球难民约有九百万，他们都是因为怕遭受迫害或死亡才离开故土的。他们的旅程一经开始就有许多移民（不仅是难民）死在途中。此外，有些移民一到目的地便发现自己陷入遭人剥削且人权受到侵犯的境地。对于那些人口贩卖的受害者来说尤其如此，他们很容易被奴役，而且往往会卷入性行业当中。家佣在雇主手下也可能会受到虐待并遭受暴力。更为普遍的是，即使已经在海外定居多年，许多移民及其子孙仍然会面对歧视和偏见。移民问题对移民本身所造成的消极影响不亚于其对目的地社会所形成的挑战。

移民问题也会对移民离之而去的社会产生重要影响。在第四章我会说明，对于那些本身就缺乏移民所具有的技能的国家，这种影响则更为深刻。受所谓人才流失影响最为严重的要数医疗行业，教育行业同样也深受影响。这种外流不仅降低了穷国提供基本服务的能力，也意味着教育及培训此类人才的公共投入付诸东流。

国际移民概述

基于本章所列的种种原因，国际移民在许多国家已经成为政治议程上的首要问题，引得媒体大加报道并已成为广泛的公众话题。然而，就移民问题的讨论却往往难以令人满意。首先概念就不清楚，比如“寻求庇护者”、“难民”以及“非常规”或“非法”移民之类的说法经常被交替使用。引用统计数据的方式也常常让人惊恐而没有使人增进了解。正常呈现的移民状况非常有限。总之，移民问题真正的多样性及复杂性经常被忽视。

在这样的背景下，该概述旨在向读者提供解读当今主要移民问题以及吸引读者参与理性讨论所需的说明、分析及数据。作为一名讲授并研究移民及其相关问题逾十五年的学者，我自然有自己的视角和观点。但我已经试图将其置之幕后，隐而不显，以全景呈现围绕当今移民问题的讨论。此外，本书未将移民政策作为关注中心，但切题之处也引入了一些针对政策影响的评论。

试图将任何一个包含研究、著述及政治讨论的庞大领域浓缩进这样一本小书，都不可避免地需要有所选择。面对这一挑战，不同的作者自会做出不同的选择。首先值得强调的是，本书关注的正是跨越国境的移民。主要原因是，较之内部移民，以国际移民为主题的研究和著述要多得多，其业已获得的政治与媒体的关注以及公众话语也多得多。同时也必须承认，内部移民在数量上远远多于国际移民，两者之间的界限也可能并不清晰。目前，学界对内部移民的关注还远远不够。正如我们将在本书最后一章所看到的那样，内部移民有可能会决定未来国际移民的势态。

我看待国际移民问题的整体方法有三个特点。首先，国际移民问题毕竟算是真正的全球性问题，因此我尽可能以全球视角对其加以考察。但是，由于缺乏世界某些区域移民方面的研究、信息与数据，以及自身知识的欠缺，这种方式会时时受限。其次，我也尽量使用了从自己的调查得来的“活生生”的例子——这也是力求使自己的视角以移民自身经历为基础的一种途径。为了弥补自己知识方面的欠缺，我也参考了该领域一些学者业已发表的研究结果。最后，我使本书在结构上围绕当今国际移民中，个人认为最受关注、最为相关的那些问题，而不是不分主次，比方说，按章节分别谈论世界主要地区的移民问题。对这些问题的论述应当言简意赅，因此，笔者在书末向读者诸君提供了其他的资料来源参考，以供各位获取详细信息及分析之用。

本章已经提出了“移民问题缘何重要”这个问题，下一章将提出“何为移民”。这一章将考察对国际移民所做出的各种各样的定义、国际移民的一般分类，并思考要做出实际评估为何如此困难。同时，该章将介绍有关国家政治及公民概念变迁的讨论。第三章讨论了移民与全球化之间的关系，试图对移民现象产生的原因提供结构层面上的解释。

此后各章分别关注了一系列重大的移民问题。第四章考察了发展问题与移民问题之间的关联。发展不足会促使移民产生，而移民反过来却又会促进其家乡的发展。第五章转而论述当今最受关注的移民问题，即非常规移民（特别要指出的是，该章主张，“非常规移民”这一说法较之“非法移民”更为可取）。该章涵盖了就人口贩卖和移民偷渡现象的专门讨论。同样广受关注且又经常与非常规移民相混淆的有难民和寻求庇护者，他们将是第六章的讨论重点。全球视角在这一章尤为重要。第七章关注的是移民对目的地社会的影响这一争论不休的问题。最后，第八章探明了会影响到国际移民未来的一些主要趋势。

第二章

何为移民

“何为移民？”这一问题的答案看似一清二楚：大多数国家采用联合国的定义，认为凡旅居国外至少一年的人就算移民。但实际上问题并没有这么简单。首先，“移民”这一概念将种种境况中形形色色的人都包罗其中。其次，要真正统计移民数量，确定他们在国外的时间也相当困难。再次，确定移民身份何时终止与确定移民身份何时获得同样重要。终止移民身份的方式一是重返故土，二是成为新国家的公民，而限定这种身份转变的程序则千差万别。最后，有人提出，由于全球化的影响，如今出现了具有新特点的“新型”移民，他们有时被称为跨国社区人员或流散人口。

移民的分类

移民的分类通常有三种方式。首先，常见的方式是区分“自愿”和“被迫”移民。后者指由于冲突、迫害，以及诸如干旱或饥荒等环境的原因，而被迫离开本国迁往他国的人。这些人通常被称为难民，尽管我们会在第六章看到，难民一词其实有其特定的含义，并不包括所有的被迫移民。据联合国难民事务高级专员公署的统计，全世界大约有九百万难民。如在第一章开篇之初我们知道，当今世界自愿离开祖国的移民要多得多——约一亿九千万人。

第二种相关的常用方式是区分出于政治原因和出于经济原因而迁移的人。前者通常指难民——他们由于政治迫害或冲突而被迫离开祖国。后者通常被称为劳动力移民，即为了找到工作，或寻求更好的工作机会和工作条件而迁移的人。这些人被进一步分为低技术移民和高技术移民。还有一些人介于经济移民和政治移民之间，他们之所以迁移主要是出于社会原因。这些人大多数是带着孩子的妇女，以家庭团聚的方式移民海外与在外工作的丈夫团聚。同时，值得一再说明的是，如今出于经济原因，独立移民的女性比例正不断增加。

最后一种方式是区分合法移民和“非法”移民——在第五章我们会了解，“非常规”一词可能更加准确，用来指移民时可能不像“非法”这个词那样带有贬义。“非常规”移民的概念包含的范围广泛，主要包括无证明文件或持伪造文件入境他国的人，或合法进入他国但在签证或工作许可证过期后仍然逗留的移民。下文将会说明，要精确计算全球非常规移民的数量或许不太可能，但可以确定的是，合法移民远远多于非常规移民。

高技术移民

现在，主要出于经济原因而移民他国的人越来越多，他们被算作高技术移民。各种有选择性的签证制度会根据申请人的教育背景和资历打分，这往往使他们的移民过程更加便利。高技术移民中特别的是公司内部调动人员——那些在同一公司里跨国迁移的人。全球范围内，跨国迁移的学生人数也很可观，他们也常常被算作高技术移民。

分类总是把事实简单化，上述移民分类至少在三个方面也是如此。第一，不同类别间有相互重合之处。这样一来，多数自愿移民同样也是经济移民，而许多被迫移民则同时也是政治移民或难民。

第二，各类移民间的显著区别在现实中常常比较模糊。比如，完全自愿或不自愿的移民少之又少。在很多大公司看来，让员工在世界各地来回调动不过是培训的一部分。因此，员工在公司内部调动，比如说在IBM公司从纽约调到东京，看似自愿，实际上则是为了保住这份工作而别无选择。对被迫移民来说，即便是难民，除了离开祖国也并非就别无选择。比如他们可以冒险留下来尽量避免被卷入冲突，可以在国内迁移，搬到临近的村庄或城镇，也可以在冲突中支持某方，得到保护。

经济移民和政治移民之间的差异同样比较模糊。想想人们因失业而离开本国的情况，表面看来，他们是出于经济原因而移民他国，但如果他们之所以失业是由于种族、宗教或性别方面的原因，我们又当如何看待呢？在这种情况下，他们又会被看作是出于政治原因而远走他乡。在此，区分移民的深层原因和移民的直接原因是分析问题时所面临的一大难题。

第三，相关的一点是，在各种类别之间，人们完全可以从一类移民“转变”为另一类移民。合法移民如在工作许可证到期后仍然滞留，便会被归入非常规移民。2005年，据官方估计，仅澳大利亚就有五万签证过期的留居者。还有一种情况是，移民在离开祖国时出于自愿，但之后由于战争的爆发或政府的更替而无法回国，这样一来，他实际上就成了非自愿移民，迫不得已只能待在国外。

统计数字意味着什么

“何为移民”这个问题之所以如此难以回答的另外一个原因是，清点移民实在不易。且让我们费些篇章，以英国的情况为例来说明这一点。

关于英国移民的统计数字需要给出三种评述。第一，即使是官方的移民统计数据也无法全景呈现英国的国际移民的状况。说白了，即使是政府也没多少把握去声明每年有多少人进入或离开本国。最显而易见的原因就是，官方统计数据未能包括非常规移民。英国非常规移民的统计数据简直就是靠猜测得来的。第五章将详细讨论非常规移民的统计问题。

第二，政府真正记录下来的移民统计数据很值得怀疑。大多数公布于众的进出英国的移民统计数据都是以国际旅客调查（IPS）为依据的。这只是一个在海上和机场进行的、人数约两千二百人的小型抽样调查。旅客们会就逗留英国的意图（如果是离境则需说明待在国外的意图）接受采访。已经在国外或英国居住至少一年、有意留居英国或离开英国至少一年的都被算作移民。问题之一就是覆盖面：接受采访的只是极小一部分人而结果却被放大了。另外一个问题是，人们的想法常常是会变的，他们是去是留，待上多久都说不准。IPS的数字需要调整，以尽可能考虑到这些问题。

英国有关移民流动的数据有两个来源。由颁发的工作许可证可以估计入境工作者的数量，但这只对欧洲经济区（EEA）之外的劳动力有效，因为EEA成员国的公民无须工作许可证即可入境工作。寻求庇护者的统计数据显示的是在英国申请庇护者的数量，但在解读时需要特别注意，因为靠寻求庇护者照顾的家人（配偶和子女）有时算入总数有时又不算。要计算入境英国的移民人数，可供选择的指标还有劳动力调查，该项调查记录的是一年前的国籍情况和住址，但也是仅就某些家庭所做的抽样调查。全国性的人口普查也记录一年前的住址但并不记录国籍情况（只记录出生国），而且每十年才进行一次。

第三，移民统计数据呈现的方式不同，其传达的信息也会不同，当然，任何统计都是如此。2002年入境英国的寻求庇护者约有十万人。这个数字可以从非常负面的角度来看待——比西欧任何一个国家接受的寻求庇护者人数都多，每年的入境人数等于像剑桥这样的一个小城的人口总和。这个数字也可以同每年入境英国的移民总数作一比较，事实上寻求庇护者只占相对较小的一部分。

如果连英国这样一个小小的岛国，全球最发达的经济区域之一都存在上述问题，想想看其他地方统计移民会有多么困难，比如那些缺乏必要的技能或专业能力以监控自己边境的穷国、那些陆上国境线较长的国家，或者一些会有突发性大规模迁徙的地区。

返乡移民

重归故里是终止移民身份的一种方式——尽管即使是返乡之后人们往往还是保留了其在国外形成的新的做事方式和身份特征的痕迹。多数专家相信返乡移民规模巨大，但却缺乏全球性的估算。

返乡移民的数据也存在不少国际移民数据特有的、更为普遍的一些问题。共同问题包括：移民的时间难以衡量，居所变更记录难保一致，有关公民的定义缺乏共识。

一个特别的问题是，返乡移民的统计不管是在来源国还是在侨居国，传统上都不是首要问题，双方都不会像对待本国国民迁出或非本国国民迁入一样去看待返乡移民。而即便侨居国和来源国真的记录了同一回流活动，其估算也会大有出入。拉赛尔·金在其撰写的一篇开拓性的文章中援引了这样一个典型的例子：二十世纪七十年代德国关于返意人数的数据起码是意大利关于自德归来的返乡移民统计数据的两倍。导致这种不一致的部分原因可以从近些时候波兰的例子中一探究竟。二十世纪九十年代，波兰返乡移民数目巨大但却并未算入官方统计，这只是因为他们在二十世纪八十年代离开波兰时大多没有登记为移民。与之相似，土耳其还没有一家记录有关出境移民或返乡劳动者数据的机构——就返乡移民所做的估算完全依据侨居国收集的数据。

近期具有特殊影响的要数前苏联地区及中欧、东欧政治巨变之后“少数民族国民”的返乡。二十世纪九十年代来自前苏联地区的返乡移民最值得注意。返乡移民中有：1990年到1995年之间五百四十万俄罗斯族人（从位于波罗的海和中亚的前苏联各加盟共和国返回俄罗斯）；1992年二十九万乌克兰人；到1996年4月，二十四万鞑靼人移民到克里米亚，其中一万人有拉脱维亚血统；1990年到1996年一万五千名芬兰人；1987年到1994年两百万日耳曼族人（Aussiedler[①]）及1996年六千名本都希腊人[②]。

从移民到公民

终止移民身份的另外一种方式是由移民成为新国家的公民。这在有些国家比较简单快捷；在其他国家，只有极少数人被精挑细选成为公民，其他人则几乎毫无可能。这种差异与其说是跟移民本人的情况有关，还不如说是跟有关国家的历史、意识形态和结构有关。

有关公民身份和国籍的法律有两条可资参考的原则。一条是ius sanguinis（血缘原则），依据这一原则，要成为一国公民就需要是该国国民的后代。另一条原则被称作ius solis（出生地原

① 德语，指被迫迁移的人。——编注

② 一般指来自黑海海岸的希腊人。——编注

则），以在该国国境内出生为依据。

实际上，尽管各有侧重（表2.1），但所有现代国家的国籍制度都综合了这两条原则（以色列除外）。举例来说，在2000年政策更张之前，德国曾广泛遵循ius sanguinis，亦即血缘原则。正是因为这个原因，战后土耳其移民的子孙尽管在德国出生并在那里成长，但在传统上还是被排除在德国公民之外。同样这也可以解释，为什么在德国统一期间，那些家人已经好几代未在德国居住而主要是居于东欧或前苏联地区的人，自动就被给予了德国国籍。与此不同，诸如澳大利亚、加拿大、英国及美国的一些国家遵循的是ius solis原则，亦即出生地原则，因此合法移民在所在国生的子女便会自动成为该国公民。不管公民身份的获得遵循什么样的原则，大多数国家都准许移民在该国合法居住若干年后成为正式公民：这就是所谓ius domicile，即住所原则。具体年限差别很大，在澳大利亚及加拿大只需三年，而在奥地利及德国则需十年。

不仅各国的国籍制度各不相同，其国籍标准也互有差异。比方说，有些国家允许双重国籍，因此并不认为某个移民为了成为另外一个国家的公民就舍弃了其原有的国籍。在有些国家情况则并非如此。正如我们将在下一部分看到的，双重乃至三重国籍的增加成为一些移民社会出现跨国主义的一个原因。

此外，在有些国家，完全的公民身份只可能以文化上的同化为代价而获得，而有些国家则让新公民保留他们别具特色的文化特征。这两种不同的表现源于两种互相角力的融合模式。同化这种模式是一个单方面的过程，移民被认为应当放弃他们独具特色的语言、文化及社会特征，从而混同于主体人口。法国广泛地采取了这种模式。另外一种主要的模式是多元文化主义，指的是移民人口发展为民族社区，在语言、文化及社会行为等方面保持与主体人口的不同。澳大利亚、加拿大、荷兰、英国以及美国均以不同方式采用了这种模式。

表2.1　部分国家国籍制度一览

国别	授予国籍所依据的原则	取得国籍所需的居住年限	是否允许双重国籍
澳大利亚	综合	三年	是
奥地利	血缘原则	十年	否
比利时	综合	五年	是
加拿大	出生地原则	三年	是
法国	血缘原则	五年	是
德国	血缘原则（至2000年）	十年	否
以色列	对任何犹太居民开放	无年限规定	是
荷兰	血缘原则	五年	是
瑞典	血缘原则	五年	否
英国	综合	五年	是
美国	出生地原则	五年	是

移民、流散人口及跨国社区

或许，移民自身的认同感与正式机构或侨居社会界定移民的方式同等重要。近几年围绕这一话题的著述极多，对两个概念尤其关注：跨国主义和流散人口。两个概念均复杂且有争议，此处将以尽可能简单的措辞来对其下一定义。

什么是融合？

融合可以简单地定义为移民作为个体和群体被社会接纳的过程。国际移民全球委员会（GCIM）认为，融合是“一个长期的、多方面的过程，需要移民，同时也需要社会中的非移民成员相互尊重、相互适应，从而使双方能够积极和平地共处”[《相互关联的世界中的移民问题》（GCIM，2005，44）]。

流散一词有其传统内涵，一般被用来指公元前586年第二圣殿被毁之后犹太人的大流亡。[①]这一概念在近来重获新生之前，也曾经常被用来指非洲奴隶以及逃离一战期间及战后奥斯曼帝国屠杀的亚美尼亚人。这些经历的相同之处在于，它们都是大规模迫不得已的迁徙，有重返家园的强烈愿望却又无力实现。

这种种特征在较近几次移民活动中得到了不同程度的确认，而流散这一概念也被重新使用。理论家加布里埃尔·谢菲尔在《国际政治中的现代流散现象》（1986）中说道：“现代流散人口是

① 公元前586年，犹太王国被新巴比伦王国国王尼布甲尼撒二世所灭。此时被毁的应是第一圣殿，而非第二圣殿。原文似有误。——编注

指源自移民的少数民族群体，其衣食住行均在侨居国但又与其来源国——他们的祖国——保持着强烈的情感和物质联系（第三页）。”有些批评家认为这个概念在使用上如今已经变得过分灵活，几乎用于任何情况下的任何移民群体。比如，在第四章中我们会看到，这一概念常常被用于指称任何为来源国的发展做出物质贡献的移民。

“新”非洲流散人口

考虑到非洲奴隶曾是传统上被用到大流散这个概念的少数几个群体之一，如今这个概念又被较近时期的非洲移民用来描述自己及其组织，这实在是很有意思。在对伦敦不同的非洲人社区进行的调查当中，我所提的问题之一就是他们为什么使用那个字眼。原因有三：一是，这些社区感觉，跟这个词相关的负面意思不像“外来移民”、“难民”或者“寻求庇护者”那么多。或许，由于长期与犹太人和非洲奴隶的散居有关，这个词尚未变成贬义。二是，至少对于某些社区来说，这个词有些“自励”的意思。像“全球化”一样，“流散”正在成为“时髦用语”，而对于有些社区来说，这个词似乎有它们深望与之产生关联的内涵。三是，至少对于某些社区成员而言，该词还有一层意思，即他们的经历在某种程度上可以跟最初的大流散相比，因为他们也是受害者，就像那些被驱逐的犹太人和非洲奴隶一样。

还有一个相关概念就是“跨国社区”。简言之，这个概念指的就是那些已经开始生活于不同国家“之间”的移民。他们跨越国境，与来源国的人民和地区有着持久的联系。根据移民问题方面的杰出专家亚历山德罗·波茨的观点［《国际移民观察》，31（1997）］，跨国社区

> 由移民所创立的致密网络构成，此举是为了改变经济状况，获得社会认可，跨越政治边境。通过这些网络，越来越多的人具备了过双重生活的能力。这样的移民往往双语皆通，能够自如地在两种文化间穿梭，他们经常会兼顾两个家庭，并为了使自己能被两个国家都接纳而寻求经济、政治和文化权益。
>
> （812）

顾名思义，这些人已逐渐不再受到移民或国籍这类政治定义的限制。全球杰出的移民问题学者斯蒂芬·卡斯尔斯对于跨国主义国籍的隐含意味有如下看法［《亚太地区的移民问题》（爱德华·埃尔加出版社，2003），R.艾尔代尔等编］：

> 跨国主义将不可避免地引起多重国籍的快速增加，从而产生民族主义者所惧怕的现象，即以规章制度而非情感为基础的公民对国家的忠诚是不完整的。跨国主义的成长长期看来会使人们重新审视国籍的内涵。
>
> （19）

第三章

移民与全球化

国际移民问题是全球化问题的一个重要方面，在全球经济和社会结构的变化中，它已经日益成为重要的组成部分。正如影响到世界上许多发展中国家的全球工作危机一样，发展、人口以及民主等方面日渐加剧的不均衡状况为迁移提供了有力的动机。富国的劳动力市场细分加大了对移民劳动力的需求。对于潜在移民来说，通讯领域的革命使他们更加清楚地看到了各种不均衡的状况，同时也看到了机遇，而交通方面的发展也使迁移更为便宜和便利。移民网络迅速扩大，从而使移民越发便捷。新的个人权益让有些人出国并留居海外变得更加容易。移民产业的壮大更是助长了国际移民的发展势头，即便是在那些未经官方允许的地方，情况也是如此。总之，本章将说明，为何移民的原因及方式较以往都已大大增加。

不均衡的加剧

发展是一个难以衡量的概念。联合国开发计划署（UNDP）已经出台了一个广为采用的人类发展指数（HDI）。该指数综合收入、健康及教育三个方面对各国进行了排序。根据2005年的报告，尽管所有发达国家及大多数发展中国家的HDI均有上升，但最为贫穷的一些国家还是出现了前所未有的倒退。十八个国家2005年记录的HDI都低于其1980年的记录，其中十二个国家是在撒哈拉沙漠以南的非洲。这些国家人民的生活状况在恶化，与世界上其他国家的差距也日渐加大。

什么是全球化

全球化是一个复杂而又富有争议的概念。全球化问题的杰出理论家戴维·赫尔德给出了这样的定义："全球化可以被看作是一个进程（或一系列的进程），在这个进程中，社会关系和交易的空间组织结构在广度、深度、速度以及影响等各方面都发生着转变，还导致了各种跨洲或跨地域的活动、交往以及权力行使网络的形成"[《全球性变革》（政体出版社，1999），2]。这种种进程业已引起了货物、思想、信息和资本的跨境流动，同时不少评论家也认为，全球化也增加了人口的跨境流动。

事实上，UNDP提供的有些统计数据非常令人沮丧。全球约有五亿五千万在业人员每天还挣不到一美元。全球范围内，有八亿五千万人，包括三分之一学龄前儿童都营养不良。超过十亿人缺乏安全的饮水条件，二十六亿人没有足够的卫生条件。全球约一亿一千五百万儿童缺乏最基本的基础教育——大多是在撒哈拉沙漠以南的非洲和南亚。在非洲和阿拉伯国家，女孩所接受的教育平均比男孩少一年，而在南亚则是两年。在整个发展中国家，仅有百分之五十八的女性不是文盲，而男性则有百分之六十八不是文盲。

发展不足又因为日益加大的人口压力而雪上加霜。近五十亿人，即全球人口的百分之八十，目前生活在贫穷或者最多是中等收入的国家。全球许多富裕国家的人口持续减少，而许多贫穷国家的人口却在不断增加：当前，几乎全世界所有的人口增长都发生在发展中国家。目前，每位非洲女性平均生5.2个孩子，而每位欧洲女性平均只生1.4个。这种趋势意味着发展中国家所要养活的世界人口比重仍将进一步加大。发展中国家如此高的出生率也使其年轻人的比例远远大于发达国家。

许多贫穷国家同时也是民主进程脆弱、法治无力、腐败盛行的国家，这倒绝非巧合。人们试图通过移民来保护自己还有家人免受经济不景气、市场不稳定的影响，并借此远离政治危机、武装冲突以及其他风险。在有些情况下，由于政府已经无法保护他们免受冲突的影响或是免遭迫害，人们被迫以难民的身份逃离本国。最糟糕的是，有些政府本身就是这些侵害的罪魁祸首。

但是需要强调的是，导致移民的并不一定就是发展不足、人口过多或者统治不善本身，而更应该是世界各地的差别。人均国内生产总值是使用最广的、表示国民收入的经济指标，发达国家的人均国内生产总值比发展中国家的高六十六倍。目前，出生于布基纳法索的儿童比出生于日本的儿童要少活三十五年，而出生于印度的人比出生于美国的人要少活十四年。穷国的学校教育有限，文盲比例高，而富国的学校教育几乎完全普及，也几乎没有文盲。此外，最腐败、最不民主的政府几乎无一例外分布在最贫穷的国家。

全球工作危机

移民最强烈的动机之一就是找工作。虽然存在一些明显差异，但总体来说，近些年来发达国家的失业率有所下降。与此相反，大多数发展中国家的失业率要么是有所上升，要么就是居高不下。在全球主要地区，最高的失业率出现在中东和北非，达到百分之十二以上，而工业化经济区域的失业率仅有百分之六左右。

失业并不是当下全球工作危机的唯一一个方面。许多人都没有充分就业。通常这些人在一些非正式行业工作，就业形势难以预料。机会说来就来，说走就走，常是按季节变化，有时则是按周甚至是按天变化，而工作条件也可能极为恶劣。即便受雇佣，所得工资也往往不足以维持生计。按照UNDP的估计，尽管贫穷问题可能会得到缓解，但在可以预见的将来，这一问题将依然比较严峻，2015年约有三亿八千万人仍将以每天不到一美元的收入勉强维持生计。全球工作危机的另外一个方面是，据国际劳工组织（ILO）估计，现在有一千二百万人处于强迫劳动的工作状况当中。

在发展中国家，依赖农业作为收入来源的人群压力尤其巨大。他们约占整个劳动力的一半，即十三亿人左右。不少人拥有小农场，却因商业扩张和环境恶化而受到威胁。由于政治地位低下，他们需要缴纳的税金也高得离谱。近些年来，发展中国家农业与非农活动之间的收入差距已经急剧扩大。结果之一就是，随着农民及其家庭成员为了追求更好的生活涌向城市，由乡村转入城市的移民明显增加。对其中很多人来说，涌向城市的这种内部移民只是走出国门成为国际移民的第一步。

图3　美国北卡罗来纳州在农场劳作的无证移民劳工

劳动力市场的细分

劳动力市场的细分日渐成为高收入经济区域的一大特色。劳动力市场的某些部门工资行业水平低、安全保障状况差、社会地位不高，本国劳动者对其避而远之，移民工人于是就占据了主导地位。这些工作常被称为“3D活儿”——指的就是那些脏（dirty）、险（dangerous）、难（difficult），甚或三者皆备的活儿。这些工作集中在诸如农业、伐木业、种植业、重工业、建筑业及家政服务之类的行业。调查表明，即便在经济低迷时期，本国劳动者也不愿意干这些活儿，因此不论经济发展如何，这些行业对移民工人总有持续需求。

通常从事这类工作的移民不是没有证明文件就是没有正常地位，他们比别人更愿意做这些工资很低又不安全的工作。在美国通常是墨西哥的非常规移民在从事农业劳动，在俄罗斯使重工业得以正常运转的也是非常规移民，而在英国及其他一些欧洲国家，建筑行业、食品行业还有许多服务行业也都得依赖非常规移民。如果你昨天晚上买的比萨饼价格低廉，令人欣喜，那很可能是因为做饼的师傅没有正常的移民身份，挣的钱低于最低工资。对雇主而言，非常规移民雇佣起来既灵活又便宜，而移民本人则经常遭受剥削和虐待。

通讯及交通革命

通讯革命是全球化进程的核心因素。很多有关全球化问题的学术文献都集中关注了近些年爆炸式发展的高新技术，如电子邮件和互联网、电子公告牌和卫星电视台，还有手机和廉价的国际电话。比如，据估计1990年到2000年之间全球电话线路从七亿条增加到二十五亿条，而互联网用户的人数则从不到一百万发展到超过十亿。这种革命使全球互通性进一步增强并在实质上缩短了世界各地之间的距离。说它与移民问题有关有两个原因：一、它使人们意识到了差别，知道了世界上其他地区的生活是什么样子；二、它使人们看到了迁徙并在国外工作的机会。

非洲的手机革命

据估计，全球现有二十四亿手机用户，且每分钟还会产生一千名新客户。发展中国家的手机用户占到百分之五十九，使手机成为历史上第一种发展中国家的使用人数超过发达国家的通讯技术。手机用户在非洲的增长比其他任何地方都快，从两年前的六千三百万跃增为今天的一亿五千两百万。仅刚果民主共和国一国的手机用户就有三百二十万，且每天还有八千新用户注册入网，而该国的传统陆线只有两万条。

同时，通讯革命也有可能被夸大。严峻的全球“数字鸿沟”依然存在，数字鸿沟指的是穷国与富国在享用信息资源方面的差距。这一点在联合国秘书长科菲·安南2000年的一次讲话中表

图4　印度班加罗尔一家网吧旁边坐着的一位无家可归者

现得最为突出，他说，“全世界有一半人至今还没有打过或接过电话”，但是这个数据之后一直备受争议。尽管如此，人们仍然认为跨越数字鸿沟对于实现全球平等、加大社会流动性、促进民主及发展经济都很重要。

全球化文献中另外一个时常提到的“革命”是在交通领域。这种“革命”一方面指的是国际旅行的选择范围扩大，另一方面则是指费用降低。这主要是由航空公司之间竞争的扩大引发的。要再次说明的是，如果据此认为这项革命已经遍及全球那就错了，不过不管怎么说，现在只需花费两千五百美元就可以合法地在全球任意两地间旅行。在第五章我们会看到，尽管非法旅行的花费要高出很多，但也不是没有可能。如果说通讯革命使许多潜在移民认识到了移民的必要，那么交通革命则令移民更为切实可行。不过，还是得说，对这种影响的重要性也不可高估：对于世界上大多数人来说，国际旅行仍然贵得令人望而却步，而且还有不少人在获取护照及签证等方面面临管理上的障碍。

移民网络

大部分移民都是迁移到有自己朋友或家人扎根的国家，从而形成通常所说的跨国移民网络。有这么一种看法，即当今移民增长的主要原因之一就是这些可使自身周而复始、长存不衰的移民网络。移民扩张意味着朋友或家人中移居国外的人越来越多，而移民地理分布的变化则意味着穷国的潜在移民与富国的潜在目的地之间的联系更为频繁。

移民网络促进移民的方式主要有三种：一、提供信息，通常是借助上述的通讯新技术；二、通过向潜在移民借款为其提供旅途费用；三、通过向新移民提供落脚的住所，帮助他们找工作以及提供其他经济及社会帮助，移民网络在帮助新移民安身立命方面起到了关键作用。

调查显示，移民网络各有特色、差别明显，这取决于当地的移民历史、国家状况以及移民的社会文化特点。不管怎样，关于移民网络的一个普遍而且重要的评述是，它们将不大受目的地国的经济繁荣水平的影响而继续运作。同时，调查也表明，要用政策来干预以移民网络为依托的移民的发展势头并不容易。

新权益

较之以前，有些人可以更加容易地跨越边境，留居异国，他们的这种权益如今已经明显地得到了扩大。比如，欧盟（EU）内部边境的开放使欧盟成员国的公民可以在该地区自由迁徙，同时北美自由贸易协定（NAFTA）以及世界上其他地区（包括非洲和南美）的一些地区性经济协定也包含一些能使劳动者自由迁徙的条款。此外，诸如商人、学者、学生、运动员及演艺人员等人士通常并不需要签证，或者即便需要，程序上也有快捷途径可走。比起以前，越来越多的国家允许长期移民工人的直系亲属与他们团聚。而且，世界上大部分国家都已经签署了1951年在联合国会议上通过的《关于难民地位的公约》，我们将在第六章看到，该公约保证身处异国的难民能够得到保护和帮助。

不过，这些新权益波及的范围也可能会被夸大。欧盟之外的大部分地区性经济协议都未能实现劳动力的自由迁徙。在美国，安全方面的忧虑影响到了移民政策，以致“9·11”以来签发给专业技术人员及专家这样的外来移民的H1-B签证的数量缩减了一大半。申请家庭团聚的移民也面临越来越严格的行政程序。对于其他诸如专业技能低下以及寻求庇护之类的人员，流动性方面的限制也越来越多。

移民产业

移民因个人以及代理机构而变得便捷，如招募人、移民律师、旅行社、代理人、住所提供人、汇款代理、移民及海关官员等，还有各个移民机构也为移民提供了便利。这些机构包括，通常负责移民运输和为难民提供正式的重新定居或回国计划的国际移民组织（IOM），以及一些为移民提供帮助和居所的非政府组织（NGO）。有些分析家将其说成是一种新的移民“产业”或者移民“生意”，就像其他任何行当一样，目的就是为了赢得商业利益。第五章将会说明，移民产业也有其不合法的地方，包括人口贩卖和移民偷渡。

历史视角下的移民产业

移民产业并不算新，尽管其在规模和利润方面有新的特征。1977年，写到十九世纪末自意大利迁往美国的移民活动时，历史学家罗伯特·哈尼造出了“移民商业”这个词，当时他写道：“很明显，官僚、公证人、律师、客栈老板、放高利贷的、乡村商人、港口城市的走私者、代理人甚至火车上的乘务员都有赖于移民交易”(《移民商业》，摘自《加拿大民族研究》，9：42)。若热·杜兰德也对移民招募者做过描述：他们将墨西哥中西部的劳动力与美国西南部需要这种劳动力的产业联系起来，十九世纪末在促进移民由该地区迁往美国的活动中扮演了突出的角色。

据说，移民产业从移民活动中所获取的巨大利益极大地推动了移民进程。同时，移民产业越来越复杂，组织性很强的集团与来源国、中转国及目的地国的小经营者和二级代理相互勾结，使旨在降低其影响的政策干预难有成效。

对移民问题所做的解释

本章简要说明了全球经济中一些关键的结构性变化，正是这些变化的共同作用为人们的移民提供了越来越多的动机和机遇。但是也应综合考虑到这一事实，即全球仅有百分之三的人口是国际移民。鉴于种种不平等的现象日益增多，在异国他乡过上好日子的机会也被越来越多的人看到，交通也越发方便快捷，我们理所应当地要问：为什么移民人数如此之少？

这一问题的部分答案已经间接提到过。那些最为贫穷的人受全球不平等状况的影响最大，根本就没钱迁徙。许多真正因为穷愁无计而背井离乡的也只是局限于国内，一般是从乡村到城市而不是迁往国外。对于贫穷国家的失业者或未充分就业者来说，工作机会远远不够，即便是在富裕经济区域那些细分了的劳动力市场上也是如此。通讯和交通革命并不像有些评论家认为的那样影响深远，移民网络也一样。迁徙的权益大体上也只属于少数有特权的人。移民产业依利而存，因此有心使移民费用居高不下。

从文献中至少还可以得出其他三个原因。最为重要的是惯性。大多数人安土重迁，不想离开自己的家人、朋友以及自己熟悉的文化，于是便留居自己的出生国。另外一个原因是，政府会控制移民。一些国家曾惯于阻止人民出境，但前苏联解体以及冷战结束之后，这种情况几乎不复存在。现在更为常见的是目的地国对移民的控制（尽管它们的努力并不总是有效）。还有一个原因是，随着国家的发展，投奔异国他乡的移民最终会减少。不管本章开篇之初的统计数据多么令人悲观，全球大多数国家还是在不断发展（尽管有时步履沉重而缓慢）。下章将转而讨论移民与发展之间的关系。

第四章

移民与发展

国际移民与发展问题的关联主要有两个方面。前一章讨论了一个方面，即发展的不均衡是如何成为移民的动机之一的。本章将考虑这一关系的反面，提出国际移民是如何影响来源国的发展这个问题。从积极的一面来看，移民向本土寄回大量的资金，同时也在国外对本国做出了其他方面的贡献，重返故土时他们又带回了新的技术、经验以及人脉。从消极的一面来看，正如第一章就说到的那样，移民会使国家本就不足的技术以“人才流失”的形式变得更为匮乏。

汇　款

汇款一词通常是指海外移民寄回家乡的钱。几乎一切与移民相关的事情都很难准确量化，希望到现在读者诸君对这一点已经很清楚了，汇款当然也不例外。尽管有一部分钱是通过银行系统寄回，因此能够有案可查，但有可能更多的钱是通过非正式渠道寄回的。一个原因就是银行和代理通常收费较高（表4.1）。非正式汇款的一些渠道包括，移民本人探亲时带现金回家或者由其亲戚朋友代他们捎钱回家。有时一些定期往返于两地之间的商人会收取少量佣金替移民带钱回家——在古巴就是如此，这种商人被称为“募赖斯（mulas）”。也许最精密的非正式的转账机制要数索马里的“哈维拉德（hawilaad）”系统。关键是这些非正式转账的规模让人无从知晓。此外，由于银行往往不愿或者无法公布个人转账的详细情况，就连正式转账也并不总能准确定量。

尽管有这些数据方面的问题，世界银行还是就全球范围的汇款情况提供了年度估算。据世界银行估算，2004年移民寄回家的钱约有一千五百亿美元，而预测显示2005年这个数字将接近二千亿美元。这的确是数目惊人。这些数字之所以惊人也是因为它们代表了仅仅五年内汇款流量百分之五十的增长——全球化的

图5　宣传索马里摩加迪沙一家国际资金转账公司的广告牌

影响是其主要原因。根据有些分析家的观点，就总值而言，正式汇款紧随石油之后，已经在全球所有合法商品（自然不包括大麻）的转移中位居第二。在发展中国家，移民汇款继企业投资之后成为最重要的外来资金，这些汇款几乎是通过发展援助和慈善事业所得捐献价值的三倍。此外有估计认为，非正式汇款的规模有可能是正式汇款的两倍。如果真是这样，那么每年的汇款总额可能会多达四千五百亿美元。

表4.1　2004年从美国汇款到某些国家所收取的平均费用

国别	占汇款金额的百分比
莫桑比克	1.0
土耳其	4.9
葡萄牙	5.0
厄瓜多尔	5.6
巴基斯坦	5.7
萨尔瓦多	6.0
哥伦比亚	6.2
秘鲁	6.5
希腊	7.1
印度	8.1
菲律宾	8.2
玻利维亚	8.4
多米尼克	8.4
墨西哥	9.2
委内瑞拉	10.5
埃及	13.8

来源：联合国经济与社会事务部，《世界经济和社会调查：国际移民》（纽约：联合国，2004）

“哈维拉德”系统

“哈维拉德”(hawilaad或xawilaad)系统的基础是索马里商人。他们从国外的索马里移民那里收集硬通货,然后用钱买进可以在索马里销售的商品。他们定期返回索马里,卖掉货物,将等值的索马里货币交给移民的家人。买卖赢利于是成为商人的佣金。这种系统在全球的索马里社区中非常普遍。“9·11”之后,该系统曾被试图监控或者关闭,因为有证据表明袭击的资金是经索马里提供的。然而,该系统很难纳入正轨,至今似乎仍然遍布各地。

2004年汇款接收国排名前三的是墨西哥(一百六十亿美元)、印度(九十九亿美元)和菲律宾(八十五亿美元)。不过,汇款作为GDP的一部分,比例最高的是在一些小国:约旦百分之二十三、莱索托百分之二十七、汤加百分之三十七。值得注意的是,与其他发展中地区相比,撒哈拉沙漠以南的非洲接收汇款的水平最低,只有全球总量的百分之一点五。2004年排名前三的汇款输出国有美国(二百八十亿美元)、沙特阿拉伯(一百五十亿美元)以及比利时、德国还有瑞士(各有八十亿美元)。

关于汇款对移民来源国的影响仍颇有争议。显然,直接接收汇款的人能够受益,他们往往是社会中最贫穷的人。汇款可以让人们摆脱贫困:以索马里兰地区为例,据估计,平均家庭收入因汇款而翻倍;在莱索托,汇款占农村家庭收入的比例高达百分之八十。汇款不仅使收入增加也使收入多样化了，也就是说家庭花销对单一收入来源的依赖变小了。这样一来，汇款也就提供了一种抵御风险的保障。此外，这些汇款通常都是用于子女教育和老人的医疗保健。

汇款、全球化及“3T”

汇款之所以在近几年迅速增长，主要是因为全球化进程的影响。具体来说，全球化催生了所谓的“3T”，而这所谓的“3T”又推动了汇款的增长。第一个“T”是指运输（Transportation）——尤其是廉价的航空运输。第二个“T”是指旅游业（Tourism）——许多移民假期探亲时都带钱回家。第三个“T”是指电信（Telecommunications）——电话费用低廉，互联网使用日益普及，较之以前，移民能够和家人保持更加频繁的联系，朋友和家人要寻求帮助也变得更加方便。

直系亲属之外的人也可受惠于汇款，但到底能到什么程度则主要是看这笔钱如何使用。比如，要是用于做些小生意或者投资社区事业，如打井、建校、开诊所，那么这些汇款除了使直接拿到汇款的人受惠之外，也为其他人提供了就业机会和服务。另外一方面，如果这些汇款像惯常那样用于购买消费品，如汽车和电视机，或者用来还债，其益处就大打折扣了。另外，有些家庭有汇款可收，有些则没有，在这些地方邻里间的差距可能就会加大，社区的根基也会被削弱。同时也不应该忘记，移民往往来自来源国的几个特定区域，这就意味着他们的汇款也会增加地区间的不均衡。也有一些证据显示，这些汇款可能会付给蛇头来帮助移民的家庭成员以非常规的方式奔赴富国。

汇款近来已经吸引了大量的正面报道，不光是在媒体方面，在学界和政界也是如此，但是也应该敲敲警钟。首先，由于移民与家人分离，有时一走就是很长时间，他们的家人会面临不少困难，而这种困难并未得到足够的关注。寄钱回家并不能完全弥补无法与配偶厮守、守护孩子成长或是照顾老人的遗憾。

其次，移民寄钱回家所承受的社会压力也不可低估。移民有可能会失业、工作没保障或者工资很低，而家人却往往期望他们能寄大钱回来。有意思的是，调查显示，之所以出现这种情况，往往是因为移民在其从业和收入等方面误导了家人。如果你的父母为了让你去得起巴黎而变卖了家产，那么你想要让他们相信你住的是不错的套间、干的是有意思的工作而不是跟六个人合住一间房、干着扫大街的活儿甚或做了妓女，这也是可以理解的。

最后，接收汇款还会在来源国产生一种“移民文化”，年轻人由此看到了移民明显的回报，对移民海外寄予了不现实的期望。依赖汇款也会使有些留在国内的人完全失去工作的动力。

近些年从学术文献中而来的一个特别有意思的想法叫作“社会性汇款”，这跟佩吉·莱维特的调查关系尤为密切。它说的是人们不光是寄钱回家，还传递着新的思想、社会和文化习惯以及行为规范。它可以发生在家庭层面，比如在外工作的父亲或者母亲休假回家会给孩子教一些新的观念。这种情况也可以更为正式，如移民向来源国的媒体投稿。不过，当今最强有力的方式也许是通过互联网。尽管在第三章我们看到许多穷国使用互联网的便利还非常有限，但在这些国家诸如政客和记者之类的舆论制造者却经常使用互联网，因此会受到电子邮件活动或互联网聊天室讨论的影响。

汇款的压力

我采访了大概一百位1999年到2001年期间在英国、德国和美国的厄立特里亚的移民和难民，当时他们的国家与邻邦埃塞俄比亚正处于战争状态。战争期间，他们有特别的压力要把钱寄回家，因为家乡许多年轻人都应征入伍了，使家庭收入来源越发匮乏。柏林的一个厄立特里亚社区中心曾一度向那些寄钱回家支援祖国的人颁发证书，对他们进行表彰。其中有一位因为最近失业，上月没能寄钱回家。作为唯一一位没能拿到证书听到掌声的人，他感到极度尴尬和羞愧，早早就离会而去，眼泪几乎都要流出来了。尽管这种情况并不多见，这件事还是突出表现了移民在汇款时所面临的压力，这种压力不仅来自家人，也来自与他们一同在外工作的同龄人。

流散人口

来自某一城市、地区或国家，在同一目的地国一起生活的大量移民通常会形成正式的组织。这些组织的形式多种多样，包括专业协会——比如将来自同一来源国、移民在外的医生、律师或教师拢到一起——也包括一些以共同兴趣，如运动、宗教、性别、慈善及发展等为基础的组织。另有一种组织叫作“老乡会（HTA）”，这种组织使来自同一城镇的人聚在一起，其活动的核心是促进家乡发展。正如第二章所提到的那样，流散这个“无所不包”的词经常被用来描述这些形形色色的移民组织。

老乡会

墨西哥的老乡会历史悠久——最具盛名的建立于二十世纪五十年代。如今在美国的三十个城市中墨西哥老乡会就有六百多个。他们支援家乡的公众事务，包括修建公共基础设施（如建新路、修旧路），捐献设备（如救护车和医疗设备）和促进教育发展（如设立奖学金、创办学校以及提供学校所需的物资）。

这些流散组织一般会向其成员募捐并将所得财物送回来源国用于特定目的。正如募捐箱上标明的，募捐的目的可以是为了持续发展，也可以是为了紧急援助。比如，在应对2005年巴基斯坦北部地震时，流散组织迅速集中起来往本国送去钱、医疗设备、帐篷和食物。

除了通过送钱送物来做出经济方面的贡献之外，流散组织也可以参与祖国和家乡的政治、社会及文化事务，其最明显的政治贡献就是通过投票在国外参与本国的全国性（有时是地方性）选举。在2000年美国极为势均力敌的大选中，乔治·W.布什最终险胜阿尔·戈尔，有些州的结果之所以扭转靠的就是居于海外的美国公民。据估计，厄立特里亚1993年独立公投时，百分之九十八的移民海外、有投票权的厄立特里亚人都参与了公投。在参政方式上，厄立特里亚人的流散组织也提供了一些可资参考的做法。比如，独立之后，厄立特里亚流散组织的代表被正式纳入负责起草国家宪法的委员会之中。

虽然流散组织对社会和文化生活的贡献更难衡量，但其影响却同等重要。索马里兰地区堪称范例。索马里流散组织支付了哈尔格萨大学和博拉马的阿姆德大学的大部分建设费用。另外，海外的索马里学界人士还在定期返乡休假时到大学授课并培养年轻的索马里大学教师。随着技术不断创新，流散组织成员不用亲身回国也可以照样做贡献，比如通过互联网培训计划以及电视会议。有时候这被称为“虚拟返乡”。

全球越来越多的国家开始意识到流散组织的潜在贡献并正在努力动员流散人口进一步多做贡献。这种情况也可以以很正式的方式进行——墨西哥有专门负责与海外墨西哥人关系的内阁部长；也可以不那么正式，比如通过派遣代表向不同目的地国的流散组织做宣传。

正如对汇款问题应当有所保留，对流散组织的潜在贡献也应如此。原因之一就是，流散人口固然可以为发展添砖加瓦，但也可能为战争火上浇油。埃塞俄比亚人和厄立特里亚人的流散组织的确为两国之间的冲突提供了资金来源。另外，流散组织经常是由某个宗教或民族团体把持，因此所捐献的财物往往用于特定群体，从而加剧了不均衡的状况。与此相关的一点是，流散组织通常由受过教育的精英构成，这从他们的捐献情况就可以看得出来。比如说，创建大学可能就无法使穷苦的农民直接受益。

返　乡

除了汇款回家及发动流散组织集体捐献，移民还有第三种途径可以潜在地促进发展，这就是返乡。移民返乡时从国外带回积蓄在家乡投资，常常会开办一些小企业。返乡之后，他们在国外仍有很好的关系网作为小规模贸易和进出口业务的基础。前面已经提到过，移民返乡也会将能够催生创业精神、促进创业活动的新观念带回乡里。

还是得提醒一下，返乡的影响也不可夸大。有些人返乡只不过是因为在外面干得不成功——回到家来既无积蓄又没新的经验，只能重操旧业。在外耗去了年轻能干的岁月，移民们重返故土多是为了休养。尽管他们回家时会带着积蓄带着经验，但返乡时自身在经济方面却并不活跃。另外移民返乡的影响究竟能到什么程度取决于国内的状况。假如无法获得土地，赋税又太高，有技术的劳动力还不足，好心好意想要开办小企业的返乡移民很容易会因此受挫，他们的计划也便随之破灭。

第一章和第二章曾经提到过，有些移民返乡待一小段时间然后又离家去继续他的移民生涯，似乎这种“循环移民”势头见长。在这种短期返乡的行为是否也能有助发展的问题上有一些争议，尤其是在决策层。对海湾国家的印度移民所做的有限调查表明，他们的探亲活动的确能够直接促进当地的经济发展。原因之一就是，短期返乡的移民往往会炫耀（他们在朋友和家人身上大把花钱，还会有些颇为招摇的消费）、购买礼物以及吃吃喝喝。

人才流失

如果国内失业问题严重，出境移民便因为减少了活少人多造成的竞争压力而具有积极意义。这就是菲律宾政府积极鼓励出境移民的一个原因。另外一个原因，当然了，是因为他们会寄钱回家。

然而，移民也是有倾向性的，出去的往往是社会中那些最具创业精神、受教育程度最高又最聪明的人。如果他们的技术在本国并不匮乏，这倒也不成问题。比方说在印度，即便大量的电脑专家和技术工人出境也不足为患，因为现在印度的很多年轻人都有这些技术。更常见的是，这种流动使本就缺乏这些技术的国家雪上加霜。这种过程通常被称作“人才流失”。除了丧失技术，人才流失还意味着这类国家将看不到在教育和培训国民上所做投资的任何回报。

人才流失是一个全球现象。有些忧虑多年以来一直未得到缓解，比如欧洲最优秀的科学家仍在奔赴北美，那里的工资更高，研究经费更宽裕，设备也更先进。

不过，这一过程在一些比较贫穷的国家已经引起了相当的关注。从撒哈拉沙漠以南的非洲诸国移民的医疗人员，也就是医生和护士，尤其成为关注的焦点。有些数字令人震惊。比如，自2000年起，仅在英国一国注册工作的、来自撒哈拉沙漠以南非洲的护士就有将近一万六千名。赞比亚独立以来接受过培训的医生中，六百人里只有五十人仍留在当地行医。据估计，当前在英国曼彻斯特市工作的马拉维医生的人数超过马拉维全国的医生总数。回顾一下上一章提供的一些数据——那些穷国在婴儿死亡率和患病率方面的数据——才能理解为什么医生的缺位会对这些国家的发展有如此的负面影响。

尽管对于非洲师资方面的关注程度不及上述问题，但这方面人才流失的忧虑也同样值得一提。需要再次提到的是，上一章就入学率和文盲情况的评述可以说明这个问题何以如此令人担忧。

对于人才流失的反应各不相同。可以说，人才流失反映了人们背井离乡，以求改善生活并发挥自己的潜力，这并没有什么错。此外，如果他们自己的国家无法保证充分就业，无法提供工作机会和留守本国的鼓励措施，那就是那些国家自身的问题了。另外一方面，富裕的技术移民接收国也受到了批评，特别是那些积极招募技术人才的富国。有些国家被指责搜罗全球，像摘樱桃一样使那些最优秀的人才尽入彀中，而对其他人则置之不理。有些评论家认为，富国应当针对穷国技术人员的流失对其加以补偿。选择之一就是采取更加合乎道德准则的招募方式，避免从那些本来技术就特别不足的行业及国家选取人员。正如我在第八章要讲到的，长远看来，移民定期在外工作一段时间后返回来源国的暂时性移民计划不失为更具持续性的应对挑战之策。

第五章

非常规移民

以非常规方式离开本国的移民与其他移民有着完全相同的动机。以非常规方式而非合法方式移民的人数量之所以增长，大多是因为针对合法移民活动的限制越来越多，这种限制主要是来自那些目的地国。想要移民的人数量空前，但相对而言，能让他们如愿以偿的机会却并不多。我们将在本章看到，围绕着人们不顾法律限制也要移民的愿望，一个数十亿美元的产业发展了起来，其形式为人口贩卖和移民偷渡。

何为非常规移民

读者诸君现在应当已经发现我选用的是“非常规”移民及“非常规”移民活动这些字眼，有意避免使用更为普遍的“非法”一词。对“非法”一词最强有力的批评就是，把人说成是“非法”就否认了人之所以为人的特性：人不可能是非法的。移民也是人，不管法律地位如何都享有应有的权利，而这一点却很容易被忘记。另外一条批评是，“非法”一词带有犯罪活动的意味。大多数非常规移民并非罪犯，尽管就定义而言，其中多数还是违反了管理法规。

图6　墨西哥蒂华纳美国边境隔离墙外的移民

本章中时常用到的另有两词，即“无证明文件”和“未经批准”。在此，不用前者是因为该词含糊不清。该词有时被用来指那些没有记录在册（或未登记）的移民，而有时又被用来指那些没有所需文件（如护照或工作许可证）的移民。再有就是，两种情况都并不一定适用于所有的非常规移民——很多人官方并不是不知道，也有很多人还是有所需文件的，但“无证明文件”一词还是将他们全都囊括了进去。同样，并非所有的非常规移民都“未经批准”，因此这个词的使用也往往不够准确。非常规移民这个词有点蹩脚，但我认为，在可供选择的常用词中它当为首选。

非常规移民本身就是一个复杂而又内涵丰富的概念，需要仔细弄清楚。首先，应当认识到移民变成“非常规”移民的方式多种多样。未经所需批准、未经边境检查或以伪造文件入境他国的人都属于非常规移民。非常规移民也包括入境完全合法，但随后便不顾限期逾期滞留的人，比如签证或工作许可证到期后仍然滞留，或者通过假结婚、假收养、假的学生身份或者假自主经营者的身份等方式滞留的人。该词也包括由蛇头或贩卖人口者组织迁移的人以及那些蓄意滥用庇护体制的人。

其次，非常规移民这个概念在使用方式上带有很大的地区差异。比如说在欧洲，由欧盟（EU）以外入境的人员受到严密检

何为非常规移民

2001年，在英国多佛港一辆卡车后车厢中发现了五十八名中国人的尸体。在英国广播公司（BBC）一条不超过一分钟的报道中，他们被说成是“非法移民”和“经济移民”。唯一确定的是，这些人是非法进入英国的，未接受边境官方检查——因此，比起“非法”一词，或许“非常规”的说法更为可取。在第二章我们看到，经济移民是离开祖国寻求工作的人。很不幸，他们均已死亡，没有人知道他们为何离开中国。也许是为了工作，也许是为了逃离。然而即便是为了后者，由于没有一个人递交庇护申请，所以严格来说，他们都不是寻求庇护者；而且可以肯定的是，他们都没有获得难民身份。

查，这样一来，要定义和甄别具有非常规身份的移民就相对简单一些。在非洲很多地方情况并非如此，那里的边境漏洞百出，种族群体和语族群体常常跨越国界，有些人属于游牧社区，很多人无法提供自己的出生地证明或国籍证明。

最后一个麻烦在于，正如我们在第二章谈到的那样，移民的身份是会变化的，而且常常真的是发生在一夜之间。移民以非常规的方式进入一个国家，但随即使自己的身份常规化，如通过申请庇护或加入一项常规化计划。相反，正常入境的移民在其未持工作许可证工作或签证到期仍然滞留时也会成为非常规移民。比如，澳大利亚有大量非常规移民都是英国公民——往往是那些签证到期仍不离开，享受“空档年”[①]的学生。寻求庇护者在申请不获准而又未经许可继续滞留时也会成为非常规移民。更为普遍的是，不辞劳苦长途旅行，从地球一角到另外一角，穿越数个国家而最终到达目的地的国际移民比例日渐加大。在单次行程当中，根据相关国家的签证要求，移民的身份很可能时而算作常规时而又算作非常规。

非常规移民知多少

由于严重缺乏准确数据，对于非常规移民的分析越发受阻，从而使辨别趋势或比较世界各地移民现象的规模难以进行。有一个原因是概念上的，我们已经看到，该词涵盖了所有因为不同

① 中学和大学之间学业间断的一年。——译注

原因处于非常规状态的人以及可能会在常规与非常规两种状态之间转换的人。

还有一个原因是方法上的。至少可以说非常规移民的统计是一门不精确的科学。没有常规身份的人担心被识破，会避开与官方交谈，从而不会被记录在案。大多数观察家认为大部分非常规移民均未记录在案。估算非常规移民数量的方法多种多样，但需要强调的是，这其中没有一种能够面面俱到。有些国家会定期宣布大赦，从而使未经合法许可在那里居住或工作的异国国民的身份得以常规化。已经对非常规移民进行过直接调查，尽管调查他们并不容易。比较不同的移民数据记录来源以及人口数据有可能会凸显出由非常规移民造成的不一致。最后，对雇员的调查也能间接地发现无合法身份的外国工人。

除了被驱逐出境者，返乡的非常规移民究竟有多少也实在是无法计算。调查表明，想当然地认为所有非常规移民都会永久居留是不对的。许多人来到目的地国心中都有一个具体的，通常是经济方面的目标，比如说，挣够了钱好盖座房子、供孩子读书或者是还债。

不管获取途径多么有限，所得数据的获取途径都算是一个问题。在许多国家，这种数据均由执行机构收集，并非公众所能获取。另外，能够确定某人非常规身份的信息和数据常常分散于不同机构之间，如政府部门、警察部门以及就业部门。数据收集方面的国际合作更是问题多多。有关非常规移民全球趋势及数量的权威数据资料根本就不存在，而可用资料又不全面。

倒是有一个被广泛接受的看法，即随着国际移民数量的增长，非常规移民的全球规模也随之增长。对非常规移民的估算大多是在一国的层面上进行的。比如，据估计，美国国内有超过一千万的非常规移民，几乎占其国外出生人口的三分之一。这些非常规移民中超过一半都是墨西哥人。的确，根据一些估计，美国大约一半的生于墨西哥的人口（将近五百万人）都是非常规移民。尽管边境检查力度已经加大，但每年还是有五十万未经许可入境美国的移民。也有估计说明，俄罗斯有三百五十万到五百万非常规移民，主要是来自独联体（CIS）和东南亚国家。此外，据估计印度现在也有两千万非常规移民，这一数目真是惊人。

另有一些地区或全球范围内的估计。根据经济合作与发展组织（OECD）的估计，2000年欧洲五千六百万移民中至少有五百万，或者说百分之十处于非常规状态，而且每年还会有五十万移民入境。非洲和拉丁美洲的移民大半也被认为是非常规移民。国际移民政策发展中心估计，总体看来，每年未经许可穿越国际边境的移民有二百五十万到四百万之多。不过，所提供的数据也有很大出入，有时不同数据资料之间的偏差会非常明显。

即便我们认为这些数据并不可靠，不可辩驳的是，它们的确意义重大。这些数据所引发的关注显而易见。但是非常规移民还是应当被纳入到其应有的语境当中去看待。在多数国家，非常规移民的政治意义远远大于其数字上的意义。即便依据最极端的估计，非常规移民在全球移民中也仅占不到百分之五十，而在整个欧盟以及欧盟大多数成员国，非常规移民所占比重仅为不到百分之十。英国的例子很能说明问题。对入境英国的非常规移民数量的估计出入很大，但即使是最高估计与英国常规移民相比比重仍然相对较小。比如，每年来英国求学的留学生就有十二万，此外合法入境在英国工作的人也有二十万。

分清“已有移民”和“流入移民”也很重要。对于已有非常规移民的估计少之又少，比如，欧盟成员国没有一个国家就其非常规人口数量发布官方评估。然而毋庸置疑的是，在大多数国家已有移民在数量上远远超过流入移民。全球大多数非常规移民已经在目的地国居留有时。这些人往往已经有活儿可干，有地方可住，甚至孩子也已经入学。换句话说，他们在自己所生活的社会中已经是不可或缺的一分子了。

非常规移民的挑战

在政治和媒体话语中，非常规移民常被说成是对国家主权的威胁。简单来说，这种看法认为国家享有对入境人员进行控制的主权，而非常规移民破坏了这种控制，从而也就威胁到了主权。由此看来，要维护主权，杜绝非常规移民当为根本举措。在一些更为极端的话语中，非常规移民还被视作对国家安全的一种威胁。据透露，非常规移民和寻求庇护者尤其可能会为潜在的恐怖分子入境大开方便之门。考虑到当前讨论的敏感性，对这些潜在的、煽动性的结论应当做出极为缜密的分析。

首要问题是要考量所涉及的数量。非常规移民威胁国家主权这一看法中所固有的认识是，非常规移民数量巨大，“泛滥成灾”，各国已经难以承受或至少也是有此隐忧。实际上，正如我已经解释过的那样，非常规移民虽然数量巨大，但在大多数国家的移民总数中只占较小比重。

其次，非常规移民常常被别有用心地加以指摘，而这样的指摘却又没有任何实质性的依据。尤为常见的两个想当然的认识是：非常规移民参与非法活动；他们与传染病的传播有关，尤其是艾滋病。这两种认识都纯粹是以偏概全。有些非常规移民（及寻求庇护者）是罪犯，有些在长期迁徙中染上传染病，但大部分人并非如此。对证据的歪曲将所有非常规移民视为罪犯并把他们妖魔化了。这促使他们只好隐藏在地下，同时也转移了人们的注意力，使人们无视那些的确就是罪犯并应受到指控的非常规移民以及那些染上疾病需接受治疗的非常规移民。

单单将注意力放在恐怖主义上面意味着其他与非常规移民相关的，国家、社会以及移民本身所面临的紧迫的挑战往往会被忽视。非常规移民是会对国家安全造成威胁，但通常却并不是因为它与恐怖主义或者暴力相联系。当与腐败、有组织犯罪相联系时，非常规移民就会成为公共安全的一大威胁。在蛇头和人口贩卖者可以为非法入境大开方便之门，或犯罪团伙在移民入境后争夺移民劳动力控制权的地方尤其如此。

当非常规移民的涌入导致僧多粥少，引发竞争时，侨居国的人口中便会萌生排外情绪。值得注意的是，这种情绪往往除了直接针对非常规移民，也会殃及已有移民、难民和少数民族族群。

当这种情况得到大量媒体关注时，公众对国家移民政策和庇护政策的合理性和有效性的信心也会因为非常规移民的问题而大打折扣。非常规移民从而会影响政府扩大常规移民渠道的能力。政府应当向国民展示其控制局面的能力，这一点至关重要，不可低估。如果非常规移民的现象的确存在，投票人关于为何还要接纳移民的质问就并非没有道理。

那么这就很清楚了，尽管关系复杂，但非常规移民的确会危及国家安全。不过，非常规移民同样也会危及移民本人的人身安

图7　移民翻越法国北部弗雷桑火车站的护栏企图登上一列经英法海峡海底隧道开往英国的货运火车

全。非常规的移民活动对移民自身的消极影响经常被低估。他们经常会因此搭上性命。每年都有大量试图越过陆上或海上边境的人死于非命而未被官方发现。比如，据估计，每年试图越过地中海从非洲到欧洲的移民中都有两千人丧生，越境到美国的墨西哥移民则约有四百人丧生。

国际移民问题中最大的未知因素就是究竟有多少人离开故土却没能抵达他们想要去的地方，他们在过境国过的又是怎样的生活。

在为数众多的非常规身份移民中，女性占了不小的比例。因为面临性别歧视，非常规身份的女性移民往往被迫接受最卑贱、最不正式的活儿。她们的人权饱受侵犯，因此有些评论家甚至将当代的人口贩卖与奴隶交易相提并论。女性尤其会面临某些健康方面的风险，包括接触艾滋病病毒。更为普遍的是，未获许可入境某国或在某国居住的人往往冒着被雇主和房东剥削的风险。因为身份特殊，这类移民一旦到达目的地国，技能和经验通常难以完全发挥。

非常规移民通常不愿寻求官方救助，因为他们怕被逮捕或驱逐出境。因此，他们并不一定就会使用他们可以享有的公共服务，比如紧急救护。在大多数国家，他们只能部分使用公民和常规移民享有的整套服务。在这种情况下，本就不堪重负的非政府组织、宗教团体及其他的民间团体机构不得不向非常规移民提供援助，有时甚至要牺牲自身的合法性。

非常规移民是一个极易引起激烈讨论的话题，而且所引发的观点往往走向极端。关注边境检查和国家安全的人往往遭到那些关注移民人权的人的反对。另外一个挑战是如何就非法移民的成因和后果以及解决这一问题最为有效的途径促使人们进行客观的讨论。

人口贩卖与移民偷渡

人口贩卖与移民偷渡在全球非常规移民中所占比例或许相对较小，但近期以来备受关注，因此有必要用本章余下的篇幅对其加以讨论。简而言之，本章回答了四个问题：什么是人口贩卖与移民偷渡？规模如何？代价有哪些？对移民本人有什么影响？

尽管人口贩卖和移民偷渡常被混淆，甚至连政策制定者和学者也不例外，但是这两个概念在法律上还是有区别的。《联合国关于禁止、打击和惩罚贩卖人口的决议》（1999）中对贩卖人口做了如下定义：

> 以剥削为目的，通过威胁、暴力，或其他形式的胁迫、绑架、欺诈、蒙骗、滥用权力、利用他人弱势，或者通过给予或接受报酬或好处的方式取得某个对他人具有控制权的人的同意，对人进行招募、运输、转移、收留或接纳的行为。

贩卖女性，有时候甚至是女童，使其成为妓女或从事性交易的行为已经引起了相当关注。要调查人口贩卖很难，但根据国际移民组织的调查，常见的情况是，年轻女性被许诺可以在国外工作。事先商量好价钱，这位女性就会在开始工作之后分期还钱。她随即被运送到目的地国（往往是以非法的形式），到了那里，她才明白自己要被迫做妓女，而且几乎所有收入都被人贩子拿走。也有一些关于年轻女性和儿童遭人绑架，被人从家里带走并强行运到其他地方的报道。有些人真的是将人口贩卖描述成现代版的奴隶制。

移民偷渡的定义如下："为了直接或间接的经济利益或其他物质利益，使某人非法入境某国，而在该国，此人既非国民也不是永久性居民。"与人口贩卖不同，移民偷渡大多是出于自愿。潜在移民本人，或者往往是其家人付给蛇头一笔钱将其非法运送到目的地国。到达目的地后他们与蛇头的瓜葛一般也就随即终止，因此他们不会像人口贩卖的受害者一样面对由之而来的剥削。

实际上人口贩卖与移民偷渡之间的界限也会模糊不清。如果移民前移民未向蛇头付钱，这就意味着到达目的地国时移民还要向蛇头还债。在这种情况下，人口贩卖与移民偷渡之间的界限就会变得尤其模糊。这就有可能导致剥削。

同非常规移民的总体情况一样，要精确计算人口贩卖或移民偷渡的数量根本不可能。所提供的数字通常只是就一部分人所做的统计，他们要么是偷渡行为或被人贩卖的事情被发现，要么就是自己做了交代。问题是，没有人知道实际发现的被贩卖和偷渡的移民究竟占多大比例。似乎有理由认为，这类移民中有很多人永远都不会为官方所知。

事实上，美国国务院确有发布关于人口贩卖的年度评估的做法。根据这些估计，仅2004年一年就有六十万到八十万的女性、儿童以及男性被贩卖。所发布的统计数据中令人震惊的一点是，世界各地均有贩卖人口的现象，而且发生在区域内部的比发生在区域之间的往往更为常见。据估计，三分之二的受害者分布于亚洲内部（二十六万到二十八万）及欧洲内部（十七万到二十一万）。

我最近参与了伦敦大学学院移民调查小组的某项调查。该调查试图估算世界各地移民偷渡的费用。调查对含有移民付费情况的六百多份资料做了考察。当然，这项调查难免会有不少问题，其结果无非只是些估计，但从中却还是可以读出一些耐人寻味的东西（表5.1）。

表5.1　移民偷渡费用一览表

路　　线	平均费用（美元）
亚洲—美洲	26，041
欧洲—亚洲	16，462
亚洲—大洋洲	14，011
亚洲—亚洲	12，240
亚洲—欧洲	9，374
欧洲—大洋洲	7，400
非洲—欧洲	6，533
欧洲—美洲	6，389
美洲—欧洲	4，528
美洲—美洲	2，984
欧洲—欧洲	2，708
非洲—美洲	2，200
非洲—大洋洲	1，951
非洲—非洲	203

为了此处的讨论，表5.1中的数据有三点需要说明。第一点，要注意蛇头和人贩子究竟能收取多少费用。据显示，从亚洲到美洲的旅程平均费用超过两万六千美元。其中隐含的一层意思就是，只有那些相对比较富有的人才付得起钱偷渡，而这一趋势越来越明显。两万六千美元在诸如巴基斯坦这样的国家可不是一笔小数目，而亚洲与美洲之间的移民事件很多都源于巴基斯坦。

第二点，要看到偷渡费用差别巨大。表格最下方显示的非洲内部越境偷渡的费用低到只有二百零三美元，考虑到第三章对这些国家收入水平的描述，这可能也算一大笔钱了。在所报道的几则案例中，非洲国家之间的偷渡不是现金付费，而是用几袋大米以及别的什么东西支付。表中可以获得的最后一条信息再次说明移民偷渡是全球现象，并非只是由“南”向“北”的流动过程。

通过考察几年间移民偷渡费用的报告，该调查也试图弄清费用是在上涨还是在下降。尽管主要路线的费用各有不同，但整体感觉是费用正在逐渐下降。这似乎是因为偷渡这个行当的竞争日益加剧，蛇头总是得互相压价并调整策略以吸引更多的“客户”。

第三点，要试图搞清楚这些费用的主要决定因素是什么。我们理清了三个主要因素：一是行程，大致上行程越长费用越高；二是交通方式，乘飞机比乘船贵，而乘船又比坐车贵；三是出行人数，同一批出行人数越多，人均费用就显得越少。

顾名思义，人口贩卖对于被贩卖的人会有消极影响。人贩子无情地剥削移民。人口贩卖的受害者对于自己所要从事的活动没有自由决定的权利。他们常常被迫做一些钱少、不安全而且卑下的工作，发现自己根本无计逃脱，所得酬劳又少得可怜甚或就干脆没有。贩卖女性近来已经得到了很大关注，但也应该看到贩卖人口的活动也同样影响着男性和儿童。既不是常规移民，又远离父母，移民儿童成为特别容易受伤害的群体，他们有可能会被贩卖进入性行业。

作为一项产业的移民偷渡

除了文中提及的调查，我于2004年也花时间采访了阿富汗和巴基斯坦的一些蛇头。据他们说，随着时间的推移，不但收费数量有变化，收费方式也发生了改变。大约十年前，蛇头明确要求费用必须提前一次性付清。这样移民就会面临蛇头在帮他们偷渡之前卷款潜逃的风险。针对这种担心，一些蛇头改变了做法，事成前他们只收取押金，余额则在到达目的地国之后偿付。正如前面提到的，此处的问题在于，有些移民会在到达目的地国之后因为欠蛇头钱而被压榨。在过去的两三年里，蛇头再次对“客户”的忧虑做出反应。现在，款子倒是提前全额付清，但却是存在第三方名下而不是直接交给蛇头。直到移民打电话确定自己已经安全抵达目的地，这笔钱才会转到蛇头名下。这就等于说移民偷渡也有了退款保证。

但同样重要的是，移民偷渡对身陷其中的人的消极影响也不可忽视。我们已经看到，为了让他们从一地偷渡到另一地，蛇头会向他们收取上万美元的费用。蛇头们并不一定会提前告知移民他们到达的确切地点。他们采用的运输方式往往并不安全，以这种方式旅行的移民可能会发现蛇头对他们撒手不管，从而无法完成他们已经付了钱的行程。通过蛇头偷渡期间，许多移民在海上溺水而死，在密封的集装箱里窒息而死，或在途中被强奸或虐待。

苏莱曼的遭遇，2003年采访于喀布尔

“第一次被偷渡出国时，计划是飞往杜尚别然后由陆路到达莫斯科。第一步挺顺利，我凭着一张伪造的巴基斯坦护照在卡拉奇登上了飞机，一点麻烦没有。陪我去机场的那个代理人跟我说，杜尚别机场那边会有个叫纳菲的代理人接我。可到了杜尚别，我一下飞机就被抓了。我，还有其他一些阿富汗的非法移民被囚禁了四周，又是被审讯，又是按着点儿地挨打，还处在严刑威胁之下。一个月后，莫名其妙地，我又被弄出了牢房，坐车回到了杜尚别机场。纳菲就在那儿等着我。他跟我解释说，从卡拉奇出发的那趟航班上，与我一道的还有五十名非法移民，他们的行程是由巴基斯坦好几个别的代理人安排的。其中一个代理人没有贿赂杜尚别机场的移民官员，因此那些被认为是他的‘客户’的人就全都给抓了。我是因为被搞错了身份而被抓的。”

第六章

难民与寻求庇护者

寻求庇护者是指那些申请了国际保护的人。一旦到达他们想要向其寻求保护的国家，大部分移民都会提出申请，尽管不在那些国家境内也有可能申得庇护，如在大使馆或是领事馆。寻求庇护者所提申请的判定依据1951年在联合国会议上通过的《关于难民地位的公约》中的标准，以下将对此进行详细讨论。成功的申请者会获得难民地位而成为难民。申请未成的一般还可以上诉，如上诉仍然未果则需离境。在欧洲及北美也有一系列别的地位，统称特许居留（ELR），授予那些虽非难民但却仍然无法返回家乡的人。

国际难民体系

国际难民体系由一系列的法律构成，其中对难民的概念做了界定并确定了难民的权利和义务，以及各国应当遵守的一系列规范（尽管未必具有法律约束）。该体系的执行和监督由若干机构负责。

关键性的法律公约当属1951年在联合国会议上通过的《关于难民地位的公约》（以下简称《1951年公约》）。该公约将难民定义为“因种族、宗教、国籍、特定社会团体成员或政治主张，确有担心遭受迫害的充分理由而流落于本国之外的人”。尽管针对非洲和拉丁美洲的具体情况，该定义可以略做调整，但基本上仍是全球通用。

该定义有不少方面都引起了很大争议。首先值得注意的是该公约的日期——写成于五十多年前。许多批评家认为，尽管公约中对难民所下的定义在当时足以说明问题，但它无法说明现代世界中难民的现实问题。比如，该公约将注意力集中在国家迫害这个问题上，因为其编写初衷主要是为了保护那些遭受纳粹政权迫害的人。当用来特指那些逃离的人时，该定义在冷战期间还具有某种政治意图。但在当今世界，我们将看到，难民所要避开的往往是冲突所造成的整体的不安全状况，而不是具体的政治迫害。

此外，该公约并未明确涵盖那些因性别或性取向而遭受迫害的人。我们只需看看阿富汗塔利班政权下女性和同性恋的遭遇就能明白这在今天是多么重要。该公约也没能涵盖因广泛的环境原因（比如海啸或地震）而逃离家园的人。不过有一种观点倒也不无道理，即此类避险往往由政治失败引起，比如未能预报险情、缓解灾害影响、就灾害的影响提供保险，或是未能在善后事宜中提供足够的住所和保护，因此这类避险的人也应被概括在难民的定义之下。

第三种评述是，该定义只适用于那些在本国境外的人。离开家乡却未能离境出国的人要多得多，他们一般被称为“国内流离失所者”（IDP）。“国内流离失所者”比难民更容易遭受伤害，因为他们甚至没有离境出国的能力以免受迫害，而且国际体系还无法像对待难民那样向他们提供保护。我们会在最后一章看到，“国内流离失所者”近些年来已经引起了国际社会越来越多的关注。

尽管有这样的保留意见，有些评论家还是认为应当维护《1951年公约》。首先，它的确还是涵盖了大部分不在本国及需要保护的人，被漏掉的相对来说并没有多少。其次，专门负责该公约执行情况的联合国难民事务高级专员公署在实际当中确实也对移民的定义做了扩展，以涵盖那些虽被排除在外却仍然亟需保护的人，尽可能将“国内流离失所者”以及逃离自然灾害的人包括在内。最后，全球约一百四十五个国家都已签署了该公约，多数人认为要让这么多国家重签修订版或新公约实在不大可能。

一系列的规范也限定了各国对难民的反应。这些规范取自《1951年公约》或其他法律文件（如1948年的《世界人权宣言》），要么具有法律效力，要么就是虽不具有法律效力但却是广为采用的习惯法或协议。其中最重要的几条分别是：有权离开本国，有权入境他国，提供庇护应为非政治行为，不得强制遣返难民，所有经济和社会权利均应惠及难民，各国须尽力为难民提供持续的解决方案。同样，难民也有应尽的义务，最基本的就是要遵守庇护国的法律。

联合国难民事务高级专员公署负责《1951年公约》的维护、执行和监督。吉尔·洛希尔所著的《联合国难民事务高级专员公署与全球政治》一书就联合国难民事务高级专员公署和国际难民体系的发展状况给出了一个引人入胜的概况。他描述了1951年时候的情况。当时格里特·扬·范赫芬·胡德哈特被任命为第一任联合国难民事务高级专员，他“看到三个空荡荡的房间和一个秘书”，得到的授权也不过三年，手头几乎没什么经费。2005年情况就大为改观，安东尼奥·古特雷斯被任命为第十任高级专员，旗下的年度经费就有十亿美元左右，职员约有六千，其得到的授权可使联合国难民事务高级专员公署成为世界上最重要的人道主义组织。

今天，联合国难民事务高级专员公署遭受着经费危机的困扰。与联合国其他机构不同，它从联合国总经费里只能取得最低限度的配额，但却被期望提高年度预算。它已经越来越多地依赖几个主要的捐助者，最突出的是美国、欧洲委员会、瑞典、日本、荷兰及英国。联合国难民事务高级专员公署的经费危机因为该机构将其活动从难民扩大到其他一些需要关注的人群之上而雪上加霜。

联合国体系之外的国际移民组织在国际难民体系中也是一个重要机构。它主要负责后勤，尤其是难民运输。联合国难民事务高级专员公署和国际难民组织所做的努力也得到了很多非政府组织的支持，这些组织往往直接负责营地管理、食品分发、医疗和教育等方面的工作。

难民的全球地理分布

国际难民体系生效以来，难民的全球地理分布已经发生了巨大变化。前面已经提到过，最初的挑战是为那些逃离德国和欧洲被占区以求免遭纳粹迫害的人们寻求解决方案。他们当中很多人最终在美国重新定居。按照最初的设想，联合国难民事务高级专员公署和《1951年公约》只在一段时期内发挥作用，最初的活动一旦告成便随即终止。然而事与愿违。到了二十世纪六十年代，主要是由于非殖民化的影响，非洲出现了几次大的难民浪潮。我们将在下文看到，这类难民中有不少人都永久定居在了非洲邻国。二十世纪七十年代，由于1971年孟加拉国的建立以及越南和印度支那其他地区的战争，难民大军的地理焦点又一次发生了变化，迁移到了南亚和东南亚。其中一些难民最终在欧洲重新定居。二十世纪八十年代，中美洲很快成为主要的地理焦点。

二十世纪九十年代不同寻常的是，发展中地区和发达地区都同样产生了移民。二十世纪九十年代几次移民洪流同时产生于波斯尼亚地区、科索沃地区、前苏联地区、非洲之角地区、卢旺达、伊拉克、阿富汗和东帝汶。同时，几次大的移民回流发生在莫桑比克和纳米比亚，到二十世纪九十年代末期，阿富汗和波斯尼亚地区也发生了这种情况。此外，数量甚巨的难民首次开始离开自己的地区到发达地区去寻求庇护。二战结束时，起初主要是欧洲问题的难民流动已经成为真正意义上的全球现象，情况也极其复杂。

据联合国难民事务高级专员公署的估计，2005年底全球约有难民八百四十万。这是二十五年间所报道的最小数字，与1990年超过一千七百万的数字形成鲜明对比。原因之一就是近年来数量可观的难民纷纷重返故里；还有就是，全球一些大的冲突已经趋缓，新难民也就越来越少。前面已经解释过，联合国难民事务高级专员公署也将其援助施及那些未被官方认定为难民的人，而他们的数量在2005年又增加了一千一百万。其中包括约六十七万寻求庇护者、二百四十万无公民权者、一百一十万刚刚返乡的难民、约三万已在新国家重新定居的难民，还有六百六十万“国内流离失所者”。值得注意的是，上述“国内流离失所者”算的只是接受联合国难民事务高级专员公署援助的那些人，而根据有些估计，当今全球“国内流离失所者”多达两千四百万。

最大的单一难民人口来自阿富汗：2005年有将近两百万阿富汗难民，主要是分布在伊朗和巴基斯坦这两个邻国。紧随阿富汗之后，最重要的难民来源国还有苏丹、布隆迪、刚果民主共和国和索马里，这些国家的难民绝大多数都居住在其邻国。接受过联合国难民事务高级专员公署援助的“国内流离失所者”的数量以苏丹为最，达两百万左右，而该国“国内流离失所者”的总数则接近六百万。计入统计数字的无公民权者大多是巴勒斯坦人。人数最多的返乡也是在阿富汗——2005年约有七十五万人返回阿富汗。2005年法国收到的庇护申请最多，约五万个，其次是美国（四万八千）和英国（三万零五百）。重新定居在美国的难民最多，约五万四千人，其次是澳大利亚（一万一千七百）和加拿大（一万零四百）。

就当代全球难民的地理分布情况应有不少评述。尽管最大的难民人口是生活在伊朗和巴基斯坦的阿富汗人，但受难民影响最深的大陆无疑当属非洲。非洲的难民输出国与输入国是最多的。尽管比起以前，长途迁徙的难民数量见长（比如很多居于法国和英国的寻求庇护者都是从撒哈拉沙漠以南的非洲远道而来），但大多数难民还是短途迁徙去邻国避难。最后，尽管根据所做观察，比起过去的二十五年，今天的难民人数的确是减少了，人们也有理由因此而感到乐观，但也应该看到，承受巨大负担的还是那些全球最穷困的地区。

图8　行进中的卢旺达难民

难民活动的原因

《1951年公约》对难民所下的定义在解释难民为何逃离家园时强调的是迫害的概念。当今世界无疑仍然有一些肆意迫害自己某些国民的政权。不过，似乎当今大部分难民之所以离开家园是为了躲避冲突而不是国家的直接迫害。难民活动方面杰出的理论家阿里斯蒂德·佐伯格说，难民是在“躲避暴力”，而并不一定是迫害。之所以仍然把他们定义为难民是因为，就算他们的国家并未对他们进行直接迫害，却也未能保护他们，未能使他们享有公民应普遍享有的权利。

尽管此处不应对现代战争繁浩的文献做什么回顾，但因其与难民活动不无关联，所以还是有必要列出由颇具影响的学者玛丽·卡尔多所描述的使“新战争”有别于以往冲突的一些特征。首先，跟大多数人一提到战争时所产生的想法大相径庭的是，当今几乎所有的冲突都是因种族和宗教而起，发生在国家内部，而不是国与国之间。1998年到2000年厄立特里亚和埃塞俄比亚之间的冲突实在是个罕见的例外。实际上，据估计，2000年全球二十八起武装冲突中有二十五起都是发生在国家内部——尽管发生在阿富汗和伊拉克的以美国为首的军事行动自此打破了这一形势。

其次，战争似乎已经变得“非正式化”或“个体化”了，也就是说，打仗的越发不是什么正规部队了，而是民兵或雇佣军。再次，以往在战争中丧生的主要是战士，而现在却主要是平民。据估计，现代战争当中平民占伤亡人数的比例高达百分之九十，而第一次世界大战中这个数字只有大约百分之二十五。最后，现代冲突日趋持久且会屡屡再发，在非洲尤其如此。原因之一是这些冲突是因种族划分而起，不但和平解决无望而且战火还会重新燃起。另外，复员遣散也往往徒劳无功——大量的武器跟数十万无事可做、百无聊赖且又激进好斗的年轻人合起来简直就是混合炸药。

新战争的最后一个特征就是难民比例加大，原因有三。一是，人口迁移已经成为战争的一个战略目标，有时候交战各方甚至会合作以实现某些人口的重新安置。二十世纪九十年代发生在巴尔干半岛的所谓种族清洗就是佐证。二是，现代武器可以更快地使更多的人受到恐怖威胁（或丧生）。三是，地雷的广泛使用往往也使人们别无选择，只好在冲突中离开家园。

难民活动的后果

有关难民活动后果的学术文献涵盖范围甚广，难民机构的报告也为数可观，从对难民的心理影响、难民营对环境的影响直至难民中艾滋病的传播，无所不包。联合国难民事务高级专员公署的网站（www.unhcr.org）当为查找有关一系列难民问题的最新数据、研究及政策的最佳处所。本节不打算去探求这众多方面的本质所在，而是要把注意力集中在以下三个相互交叉的主题之上：定居的模式与过程、性别以及援助。

难民营业已吸引了不少注意力，而各方意见则各不相同。大多数组织还有一些专家都认为，难民营在保护难民方面至关重要，而且也能提供最大限度的援助和教育。也有人指出：难民营里暴力和性虐待事件频发；难民营使难民之间彼此产生依赖；通过诸如排水或污染地下水以及乱砍滥伐等行为，难民营会对当地环境产生有害影响。某些难民在难民营待过数个保护期，有时候可能会是好些年，难民营也会对他们产生深层的心理影响。

并非所有的难民都居住在难民营，或许这至少部分是因为他们自身的一些问题。在当地人中间“自建居所”的难民也占不小的比例，通常是在边境附近的村落。尽管已经跨越国际边境，但如果难民发现周围都是与自己同一种族的人，他们尤其会这么做，在非洲就经常发生此类情况。居住在城市的难民就更难确认并研究了，据估计，苏丹的喀土穆和埃及的开罗就各有数十万的难民在那里安家。

难民的定居方式似乎综合了难民营、自建居所以及市区住宅这三个选择。有时候难民家庭各有分工，青年男子去城里干活，妻儿老小则待在难民营接受救助。或者，难民全家奔波于几地之间以求尽可能多地获得收入和保障。

持久难民的状况

持久难民的状况正在引起联合国难民事务高级专员公署越来越多的关注。该机构定义说：“在这种状况下，难民们陷入长时间无可奈何的困境。他们也许不会有性命之忧，但其权利和基本的经济、社会和心理需求在背井离乡多年以后仍然没能得到满足。这种状况下的难民通常无法摆脱对外来援助不得已的依赖。”2003年末，联合国难民事务高级专员公署估计全球有三十八种不同的持久状况，总共涉及约六百二十万难民。针对尼泊尔的不丹难民，巴基斯坦和伊朗的阿富汗难民，肯尼亚、也门、埃塞俄比亚和吉布提的索马里难民，该机构已经采取了专门的主动措施。

难民人口中，与男性相比，女性人数有日见增多之势。原因之一是，男性死于战乱或应征入伍的可能性更大，冒险留守家中保卫家园或是继续在那里工作的可能性也更大。尽管如此，只是到不久前，女性难民才引起了学界的关注。最近，有关文献趋向于将几乎所有的注意力都放在女性难民所面临的挑战上。她们可能会在灰心丧气的丈夫或其他男人手里遭受暴力或性虐待，并因之有健康之忧。照料家小的重担过多地落在了她们肩上，在女性持家的家庭里尤其如此。她们还得负责做饭——最显而易见的证明是，女性为了收集柴火要走的路越来越长。

通过给予女性难民特别的关注并强调她们在难民居所中往往最具智慧和进取精神，苏珊·福布斯·马丁的《女性难民》对这两种趋势做出了肯定。人们认为是她的书改变了联合国难民事务高级专员公署处理女性难民问题的方式。现在，只要有可能，食品及其他物品总是会优先考虑直接分配给女性。她们也常常接受培训成为难民居住地的“同伴教育者”。实际上，移民活动常常被看作女性移民（包括难民）获得权力的过程，但也有一种忧虑，即她们一旦重返家园，回到传统的父权社会，权力就会随即丧失。

图9　莫桑比克的儿童难民排队等候食物

围绕难民援助的重要讨论是：是否给难民提供援助？何时提供？如何提供？巴巴拉·哈勒尔-邦德的《强加的援助》无疑是这场讨论中的一部重要论著，在难民研究领域可谓开风气之先。尽管有不少人认为她的案例言过其实，但她还是对难民营的援助体系提出了令人信服而又不留情面的批评。比如，有时援助会变得多余，从而产生依赖；也有一些援助不当的事例，如所提供的食物引起了大多数受援助人口的不满。男性难民未必就是接受援助的最佳人选，因为据了解他们会将援助所得用于其他活动，使家人忍饥挨饿。

长久之计

解决难民问题有三项所谓的长久之计。三者都可能各有不足。

一般认为，最佳方案就是自愿归国，换句话说就是让难民们重返家园。对此首先要说明的就是，要强调“自愿”一词。我们知道，难民保护的核心原则就是“不驱逐”，但违背难民意愿且在难民本国国内尚不安全时将其遣返的事件也时有发生。难民归国的另外一个潜在的难题就是如何界定家园的概念。比如，把难民遣返回本国某个安全的地方，而难民的家乡却依然不安全，这种做法是否合适？联合国难民事务高级专员公署对此予以否定，而越来越多的国家却对此表示赞同。

表6.1　2005年最近几次重大的遣返活动

目的地	出发地	人数
阿富汗	巴基斯坦	461，118
阿富汗	伊朗	289，641
布隆迪	坦桑尼亚	62，338
伊拉克	伊朗	55，267
利比里亚	科特迪瓦	33，000

来源：联合国难民事务高级专员公署，《2005年全球难民趋势》（日内瓦：联合国难民事务高级专员公署，2006）

难民遣返中一个关系重大的未知因素就是难民重返家园后会有怎样的遭遇。根据《1951年公约》的有关规定，难民一旦越界回国就不再受到特殊保护或援助，尽管我们知道联合国难民事务高级专员公署也确实向部分归国的难民提供过援助。这些难民回国后面临的困难不容低估。他们回国后往往找不到工作。当他们在国外避难的时候，他们的家园和土地往往被人占据，甚至毁坏或被埋上了地雷。诸如道路、学校、医院等基础设施通常也遭到了毁坏。他们会受到退伍士兵的骚扰或者那些未曾逃离的人的嫉恨。还有一些人，尤其是女性和儿童，因为不得不接受其在社会中往往不如以前的地位而面临心理挑战。

第二种方案是就地融合，即难民在侨居国永久定居。二十世纪六七十年代，这种方案在非洲尤为普遍。前面已经提到过，难民越境后通常与自己的族群共处。在这个时期他们的人数还相对较少，除此之外，这也意味着就地定居相对而言不成问题。事实上，在坦桑尼亚之类的国家，难民通过在当地的村镇定居促进了当地经济的发展。

在当今的非洲，就地融合已经远不如以前那样普遍，当地的侨居国政府对难民人口越来越敌视。单单难民的数量就足以构成一个原因。另外，越来越明显的是，人们认为难民带来了问题，比如争夺土地和工作机会，还有就是造成环境恶化。非洲以及其他发展中国家希望移民一俟安全便即归国，这种意愿日益强烈。

与之对比鲜明的是，发达国家传统上会授予难民永久居留权。尽管在合法的条件下，人们可能会期望难民在条件允许时重返家园，但实际上几乎所有的难民，比如在欧洲的难民，都会永久居留。在英国，难民获得难民地位七年以后即可申请获得英国国籍。

最后一条长久之计就是在第三国重新定居。在此过程中，往往来自难民营的难民会永久定居于另外一个国家，而且几乎总会是在发达国家。我们了解到，美国、澳大利亚和加拿大所接受的重新定居的难民最多。整个二十世纪七八十年代，难民重新定居在欧洲相当普遍。当时有很多越南的“船民”以及来自皮诺切特统治下的智利的难民到了欧洲。不过，现在重新定居欧洲的配额严重缺乏。比如，2004年仅有一百五十名难民重新定居在英国。问题是，就当前人们对欧洲某些区域的寻求庇护者及难民的关注的形势来看，大规模的重新定居在政治上并不可行。

DAILY EXPRESS

CRUSADING FOR BRITAIN

The World's Greatest Newspaper

WEDNESDAY MAY 8, 2002 20p

ONLY 20p TODAY

BABY SNATCH ORDEAL

Kidnap twin parents tell of despair and relief

EXCLUSIVE STORY AND PICTURES SEE PAGES 2&3

WE CAN'T KEEP THEM OUT

EXCLUSIVE REPORT AND DRAMATIC PICTURES PAGES 6&7

Asylum seekers risk their lives to flee French fascists as Britain's immigration doubles

THIS is the incredible sight of illegal immigrants enjoying a free run to Britain. At least 50 refugees are shown preparing to board an unguarded freight train bound for this country. Astonishingly, this picture shows a railway yard owned by the French, who have promised a security crackdown near the Channel Tunnel.

Yet there is not a guard or a police officer in sight. Instead the asylum seekers seem confident they will not be caught. They and thousands like them are fleeing a rising tide of attacks on immigrants in a continent stricken by fears of a return to fascism. On Monday 34 refugees were arrested in Britain after stowing away on trains.

The fresh security crisis came on the day figures revealed immigration has hit record levels, with 183,000 more people coming to Britain in 2000 than leaving. Asylum seekers made up 80,000 of the total of 482,000 people who arrived that year.

The fact of the matter is, we can't keep them out.

OPINION 12 EXPRESS WOMAN 18 DIARY 27 LETTERS 30 TV 41-44 CROSSWORD 45 STARS 46 CITY 54-58 OBITS 59 SPORT 60-72

图10　2002年《每日快报》一张危言耸听的头版

工业化世界的庇护问题

在整个工业化世界，尤其在欧洲，寻求庇护者已成为政治议程上的首要问题，媒体和公众当中，也存在一种山雨欲来的危机感。一方面，可以认为这场危机是夸大其词。另一方面，工业化国家中与庇护相关的一些重大挑战（即便是置于难民和寻求庇护者的全球大视野中）也需要分别加以关注。

庇护问题在欧洲开始引起越来越多的关注，尤其是在二十世纪九十年代。这是因为当时到达那里的寻求庇护者达到了顶峰——1992年大约有七十万。难民人数又因为逃离波斯尼亚地区战乱、进入西欧的近乎一百万难民而进一步增加。

除了数量，这一时期寻求庇护者的其他一些特征也引起了人们更大的不安。首先，他们（通常以“自发”寻求庇护者来形容）是未经正式许可避难他国的。我们知道，二十世纪七八十年代，欧洲接受了难民重新定居，但是难民的人数、特征以及入境方式是可以由目的地国来控制的。与之相比，寻求庇护者通常只是从遥远的国度到达边境——当时阿富汗、索马里、斯里兰卡都是重要的来源国。其次，与重新定居的难民相比，很多申请庇护的人实际上根本就不是难民。随着二十世纪八十年代移民去欧洲参加工作的合法机会的减少，寻求庇护成了劳动力移民在欧洲寻找工作的为数不多的几个途径之一。最后，当时普遍的忧虑是，这些人或许由此会成为自“南”向“北”的大批移民的先遣队。

图11　一名寻求庇护者在英国多佛接受采访

主要是为了应对寻求庇护者人数的增长以及其他一些忧虑，欧洲各国引入了大量新政策试图减少寻求庇护者的人数并保证入境者确有资格而并非“假冒”：它们要求许多国家的公民都必须持有签证。航空公司及其他运输单位受命检查所有旅客的护照和签证并对未持有关证件者进行罚款。庇护的程序得到了精简以尽可能快地处理申请。寻求庇护者在享受社会福利方面也受到了限制。

就此类政策的影响所产生的讨论很多。毫无疑问，在欧洲寻求庇护者的数量已经明显减少——2004年，当时欧盟的十五个成员国接到的申请仅二十三万三千份，比1992年报道的数字的一半还要少很多。但是，有些评论家指出，难民人数减少的主要原因是，包括阿富汗、索马里以及斯里兰卡在内的几个主要来源国国内的冲突已经平息。还有些评论家指出，新政策固然减少了寻求庇护者的人数，但他们还是源源不断地入境，只不过是以非常规的方式进行——非常规移民已经开始取代庇护了。

“从申请庇护到实现移民”这一含义甚广的说法被越来越多地用于描述当今工业化世界所面临的庇护方面的特有挑战。这个说法指的是概念和政策方面的挑战，一方面是区分难民和“假冒”申请人，另一方面是区分寻求庇护者和非常规移民。

英国的情况可以说明这些挑战。在过去十年里，入境英国的寻求庇护者中百分之十到二十的人都被认为符合《1951年公约》的标准并获得了难民地位。还有百分之二十到三十的寻求庇护

图12　乘坐货运火车到达英国的寻求庇护者被拘留在福克斯通的一间拘留室里

者不符合公约标准，但因为考虑到他们返回来源国尚不安全，所以这批人被给予了临时性特许居留地位。这意味着百分之五十到七十的寻求庇护者未被认定为需要保护。遭到拒绝的人有权提请上诉，有些人上诉之后的确得到了保护。大部分人的上诉遭到拒绝，于是不得不返回来源国。但很多人并不如此，他们非法在英国滞留。

有些遭拒的寻求庇护者，虽然其申请及随后的上诉遭到拒绝却依然留在目的地国，这是庇护与非常规移民混淆难辨的原因之一。还有就是，目前有蛇头的帮助，因此以非常规方式入境的寻求庇护者的比例似乎越来越大。考虑到上一章描述的移民偷渡的种种危险，这种情况应引起庇护支持者及人权组织的高度关注。最后，有些寻求庇护者到达他国后也会触犯法律，通常是因为未获工作许可证即参加工作。

遣返遭拒的寻求庇护者

英国在遣返遭拒的寻求庇护者方面记录尤其不佳。2006年英国内政部估计有十五万到二十八万八千名遭拒的寻求庇护者依然滞留英国，而要遣返他们则需十八年的时间。主要问题是要一个个地找到这些人——可他们当中很多人匿迹于同一族群的社团当中，通常非法地从事某些工作。同时，英国政府不得不在遣返遭拒的寻求庇护者以维护自身利益与冒险引发已在英国定居的几个少数民族族群内部的仇恨之间采取折中方案。在英国还有一些颇具声势的反驱逐出境运动，反对即便遭拒的寻求庇护者回国会面临迫害，也应把他们遣返回国。这些运动有时也情有可原。

在这样的情形下，“寻求庇护者”和“非常规移民”二词时常交替使用或许就不足为奇了。问题是这会转移人们的注意力，使他们无视寻求庇护者中不少人真的是为了生命或自由而逃离本国寻求保护的。值得关注的是，难民——有权在国际难民体系下受到保护的人——为了进入工业化世界的庇护体系冒着生命危险，而当他们一旦到了那里却又被视作非常规移民且被当做非常规移民来对待，这种情况越来越多。

第七章

社会中的移民

当前迫切需要讨论的议题之一就是移民对目的地国的影响。人数众多且还在增长的移民在同一时期源源不断地涌入发达的工业化社会，使许多社会面临着巨大的结构变化。其中包括了经济、人口以及技术方面的变化，这些变化正使社会、劳动力市场以及社区发生着转变。需求日增，基础设施建设亟待加大，社会和文化危机山雨欲来，境况已复如此，社会安全网络带来的痛苦变化则更是令形势雪上加霜。大环境是，全球经济风云莫测，人们的不安全感空前高涨。

移民问题和移民人群为当今社会的种种说不清、道不明的问题提供了看得见、摸得着而且是顺嘴就来的解释。这是许多工业化国家极端保守主义支持率上升的原因之一。然而，大量有关移民对社会的影响方面的学术文献是不是不偏不倚，这实在难以说清。要公正就要强调，静态方法或许无法完全反映移民影响的实际情况，因为情况会随时间变化，比如当移民在劳动力市场学会了新的技能和经验时，他们对社会的影响就会随之改变；要公正就应当认清，孤立地看待移民对变化的影响并将其与其他（如贸易自由化和私有化等）同样引起公众反对的方面分离开来难之又难；要公正就必须知道，移民和移民问题影响的大小会因为一系列因素（如移民的特点、在侨居社会的地理分布，以及那里潜在的劳动力市场的状况和社会关系）而大不相同。此外，移民的非经济影响，亦即其对政治、社会和文化的影响，代价如何，裨益几许，也很难量化。

移民的经济影响

移民对目的地社会的经济影响是一个备受热议的问题。总的来说，美国的学术讨论比欧洲的更为成熟，部分原因是，直到最近欧洲的政治和经济气候仍然使人很难就移民在经济方面所带来的利益进行讨论。情况也并非总是如此，二十世纪五六十年代，德国的客籍工人体系背后就几乎完全是经济利益方面的考虑。

首先需要讨论的是移民对经济增长的影响，这一争论未有定见，仍在继续。全球移民问题方面杰出的经济学家乔治·布加斯称："尽管在解释移民问题与经济发展之间的关系方面，近来的理论著作已经取得了长足进展，但实验性研究却是寥寥可数，所描绘出来的状况也毫无明朗性可言。"[《经济展望杂志》，9/2（1995），39]

认为影响是积极的那些人强调的是移民有从事低工资待遇工作的意愿，很多移民都表现出很强的进取心，稳定的劳动力供应也带来了灵活性。也有看法认为，移民增加了资本投资回报，对当地劳动者工资的影响微乎其微，他们的创业精神使工作机会得到了增加，他们的劳动力可以使一个国家的某一产业保持竞争力，如果没有这种劳动力，这个产业就可能会在国际竞争中一败涂地。在有些情况下，移民对来源国的积极影响也被持这种观点的人考虑了进去，第四章对其主要方面已经做了说明。

历史经验

近期历史当中的一些小插曲为评价移民的经济影响提供了一些有意思的例子。1962年，生活在阿尔及利亚的九十万来自欧洲的人迁移到法国，使法国的劳动力增加了百分之一点六。分析发现，此次移民的影响使移民定居区的工资最多下降了百分之零点八，失业率则最多上升了百分之零点二。1974年，六十万殖民者从安哥拉和莫桑比克这两个非洲殖民地返回葡萄牙。实证分析并未发现劳动力市场受到任何影响。1980年，约十二万五千名古巴人进入迈阿密，使劳动力增加了百分之七。针对移民活动对当地不同种族的非技术工人的影响，有人做出了评估，评估结果显示似乎只有古巴人受到了消极影响。

（联合国经济社会事务部，《世界经济与社会观察：国际移民》，纽约：联合国，2004）

美国及其他地区一些同样颇具声望的专家也提出了令人信服的观点，认为移民会对经济产生消极影响。他们强调的是，移民当中更高的失业率、大家庭的蔓延及随之而来的福利费用的增加，还有移民与已定居族群之间的竞争所带来的消极影响。大量低技术劳动力也会阻碍产业重构和重组。这种劳动力也会促使血汗工厂那样的工作条件出现，并削弱工会维护劳动力标准的权力。

在讨论移民对经济的影响的时候，有三个方面引起了特别关注，即移民对侨居国民众工作机会的影响、对其工资水平的影响以及对财政的影响（尤其是公共服务领域的财政费用）。

全球所有目的地国最难以释怀的一种担忧就是移民会从本国国民手中抢走工作机会。这种担忧在许多欧洲国家尤为明显，那里的失业率相对较高，失业人口中长期失业者所占比例也相对较大。但实际情况却似乎并非如此。这是因为，全球大多数国家之所以接纳移民是为了填补当地劳动力市场的空缺（与此不同，难民是在人道主义的基础上而不是依据经济标准被接纳的）。这些空缺或者是技术性的，当地培训与教育体系无法填补，或者都是些地位低下的工作，当地人不愿去做。移民工人很少被鼓励去跟当地劳动力直接竞争。遍及工业化国家的广泛的比较调查显示，移民对当地人口工作机会的影响在中性到积极之间，因为移民能够促进经济发展，增加工作机会。

个体经营的外来劳动者和民族创业者

有关个体经营的外来劳动者的文献越来越多，他们在加拿大、丹麦、芬兰、西班牙、爱尔兰和英国多得不计其数。这些国家的移民当中之所以能有如此众多的个体经营者，主要有三个原因。首先是因为移民活动本质上是有倾向性的，移民本人更有活力，比起当地人更愿意冒险。另外一个观点是从反面来看的，即移民之所以成为个体经营者是因为种种障碍（遭受歧视、有语言障碍、信息渠道有限等）使其无法获得有薪水可领的工作。原因之三是移民社区经济活动的发展。民族创业的概念常常也被用来描述这类社区的活动。重要的是，它们的影响往往会波及到特定的种族社区之外，如印度、意大利、土耳其的特色菜肴起初主要由移民引入，供移民享用，但现在却成为全世界饮食习惯中不可或缺的一部分。

在美国，讨论移民问题的关键集中在移民对工资水平的影响上。有些劳动力市场的特点与移民的特点非常吻合，处于这样的劳动力市场上的人要直接与移民竞争工作，他们最有可能感受到消极影响，这是举国上下的共识。也有观点认为，移民对未与之竞争工作的人有积极影响，这种消极影响因而被抵消，美国公司因为移民而利润增加，使本国有些人能够从中受益。

随着近些年来赴美低技术移民的增长，移民对美国本地低技术工人工资水平的影响受到了特别关注。在低技术工人中非裔美国人是最典型的代表，他们在整个劳动力市场中非常脆弱，因此移民对他们的潜在影响也就尤其突出。近期的调查结果既不完全清楚也不尽一致。一方面，在纽约所做的研究显示，就二十世纪八十年代和九十年代早期劳动力市场的参与程度和收入状况而言，男性非裔美国人的排名相对下降，据记录显示，当时正是移民入境最多的时期，而且其中很多都是低技术移民。另一方面，没有几项研究能够说明某种影响就完全是由移民造成的。换句话说，移民只不过是造成工资水平下降的众多因素之一，而要将移民的这种影响单独提出来看待是非常困难的。

讨论移民对经济影响的最后一个方面是移民对公共财政的影响。澳大利亚、德国、英国和美国等国各自的研究已经表明整体影响是积极的；总的来说，移民上缴的税金比他们所接受的服务费用要多。一般的说法是，大多数移民群体的年龄结构不平衡，处于经济活跃年龄的人占了主导地位，而且总的来看，移民的就业率较高。此外，目的地国通常无须承担抚养、教育和培训移民的费用。在很多情况下，它们甚至还不用承担移民的养老费用，因为移民退休后往往会重返故乡。

但也有一些重大的差别。比如，研究显示，移民在财政方面的积极影响对于美国这样的国家并不那么明显，因为美国没有面临严重的人口老龄化问题，但对于确实存在这个问题的许多欧洲国家还有日本而言，情况就不一样了。在新西兰所做的一项研究表明，全体移民使政府收入增加了三千二百四十新西兰元，但从亚洲和太平洋诸岛屿来的新移民所耗费用明显比纳的税要多。

上文讨论了移民的经济影响，所提到的一个关键点是，移民就业的程度究竟如何，而在这一点上存在一些重要的不定因素。在美国和欧洲，近期讨论的一大观点是，国际移民的特点业已发生了改变。家庭团聚意味着经济不活跃移民的比例增加。一段时期内被禁止合法工作的寻求庇护者的人数也在增长。更为普遍的是，在获得社会流动性和技能方面，新近几次移民不如早先时候的移民。

欧盟二十五国的移民人口的整体就业率为百分之六十一，低于欧盟平均水平。不过，就业率根据来源地的不同会有很大差别。来自西欧和南欧的移民的就业率高于欧盟平均水平，而来自世界其他地区的移民的就业率则较低。土耳其、中东和非洲移民的失业率尤其高。性别不同，就业率差异也很大。男性移民的就业率只是略低于欧盟男性的平均就业率，而女性移民的就业率则低得多。

同时也应该注意到，本地和城市层面上的研究未必能够在移民就业率和财政影响方面得出同全国研究一样的结果。比如在地方政府这个层面上，在许多主要的欧洲城市，移民对公共服务领域的预算的影响是负面的，这主要是因为某些移民社区的失业率较高。威廉·克拉克在美国新移民入境的九个主要城市所做的调查显示，相对于当地人而言，移民的技能和收入下降，贫困和依赖程度加深，这种差距与日俱增。克拉克所做的进一步分析表明，某些地区、族裔或民族团体尤其存在这些问题。比如，洛杉矶县[①]的非技术性墨西哥移民就尤为贫穷。

① 美国的县为州以下的行政区。——编注

很有必要以最后一项评述来结束本节，那就是，上述这类学术调查与公众甚至政治观点之间常常存在分歧。有些调查能够毫不含糊地得出这样的结论：移民有功于经济发展，不会抢夺工作机会，不会降低本土劳动者的工资水平，而且成本大大小于收益。尽管如此，可人们还是不一定就真的这么看待移民。在美国和欧洲，公众对移民规模与高失业率之间的相互关系一直持负面看法，尽管二者并无直接联系。同样，在马来西亚和南非，移民也经常因为失业问题而受到指责。

第二代和第三代

近来，移民的子女乃至其子女的子女，即移民的第二代和第三代的经济表现广受关注。第二代和第三代移民可能在政治上被剥夺了选举权，在社会和文化方面遭到了孤立，凡此种种，不一而足，但谈及近来不同欧洲国家移民后裔骚乱的原因，人们说得最多的还是他们在经济上受到的排斥。

就此问题进行讨论的专家可以分为两派。乐观主义者认为，根据赴美国、加拿大和澳大利亚的欧洲移民的经验，尽管第一代移民会遇到一些经济上的劣势，但后续几代将会在同一起跑线上参与竞争。他们列举了很多例子来说明第一代移民为何会在劳动力市场举步维艰，这包括国外资历不被充分认可，语言不够流利，以及在目的地劳动力市场上缺乏经验。他们认为，这些原因不再像以前那样适用于第二代移民。相反，悲观主义者认为，这条历史经验恐怕不能适用于近期移民，尤其不适用于那些来自欠发展国家的移民以及那些仍将遭受歧视的少数族裔。

牛津大学社会学家安东尼·希斯教授最近与同事共同就此话题做了一个广泛的国际性比较分析，目的是确定他们所谓的种族苦难的程度及其成因。他们对比了澳大利亚、加拿大、以色列、美国、奥地利、比利时、法国、德国、荷兰、瑞典、英国与南非的欧洲和非欧洲第二代和第三代后裔的失业情况。

他们的研究结果完全验证了早先的研究。在所有研究对象国中，欧洲移民的第二代基本上没有遭受种族苦难——换句话说，他们的就业率与本土劳动者的就业率一样，甚至更高。然而，同样是在这些国家，非欧洲移民的第二代的确是遭受了种族苦难。这在奥地利、比利时、法国、德国和荷兰尤其严重。解释国家间差别的一个因素就是当地的失业状况——失业率最高的地方似乎种族苦难也就最为深重。

由于牵涉到的变量很多，这类研究都难以对结果进行权威解释。不过，所提到的因素包括了歧视，某些国家普遍的种族主义，劳动力市场的灵活性以及诸如信息、人脉、志向及社会认同之类的人力资本因素。研究的总体结论之一是，正如研究结果中美国的非裔美国人的经历所展示的那样，要克服过去的影响非常困难。

上述以及类似研究的结果中引人注目的一个方面是，不管融合政策的宗旨如何，非欧洲移民的第二代都会经受种族苦难。因此，非欧洲移民的第二代不管是在主张社会同化的法国还是在主张多元文化主义的英国，日子都不好过。哪种模式都不见得多么有效，这种看法正在赢得越来越多的支持。相反，有观点认为，实现融合的最佳途径是集中解决那些并不那么抽象的、更加实际的问题，尤其是在语言学习、培训教育，劳动力市场与经济参与、医疗及其他关键的社会服务，以及参与社会和政治生活等方面给移民以实惠。有人甚至认为美国在融合问题上比其他大部分国家做得都要成功，因为联邦政府采取了不干预的方针，既培养了移民的自立精神，又使移民社区能够产生自己的领头人。

移民和政治

在整个西欧，穆斯林移民及其第二和第三代都受到了过高的失业率的影响，其中很多人的境况因为教育和住房问题而雪上加霜。这些潜在的社会和经济方面的紧张局势，近些年来因为与英国拉什迪事件、“反恐战争”、阿富汗和伊拉克战争相关的高度政治化的身份问题而变得更加纷繁复杂，其结果之一，斯蒂芬·卡斯尔斯和马克·米勒在《移民时代》一书中如是说：“尽管绝大多数穆斯林移民对宗教激进主义敬而远之，西欧无疑还是受到了席卷穆斯林世界的宗教热情浪潮的影响。”

然而，有关移民对侨居国政治影响的文献远不止这些，宗教激进主义的抬头仅仅是其中的一个方面。移民和政治的另外一个交汇点就是反移民极端主义势力的增长。反移民的政治运动在过去十年里几乎已经遍及欧洲。其中最突出的要数法兰西民族阵线，其领导人勒庞在2002年第一轮总统大选中击败了社会党候选人利昂内尔·若斯潘，赢得了五分之一的选票，整个欧洲为之震惊。比利时弗拉芒集团获得的支持也有大幅增长。约尔格·海德尔反移民的自由党在奥地利与人民党组成政府，尽管海德尔本人2000年就已经从党主席任上退了下来。北方联盟、意大利力量党以及新法西斯主义民族联盟对移民的强烈反对在意大利这几大党派的命运起伏中举足轻重。2001年皮姆·佛图恩及其反移民的政党在荷兰兴起，令许多观察家大感意外。在欧洲以外，保利娜·汉森的单一民族党1998年在澳大利亚昆士兰州赢得了引人注目的政治胜利，在州选举中获得了近百分之二十五的选票并且赢得了十一个席位，但她此后便退出该党，现为无党派人士。

另外，有学者认为，右翼政党的抬头在整个政治领域都产生了反移民的影响。比如有人提出，随着民族阵线支持率的上升，法国社会党的移民立场也随之右倾。不管这种分析是否准确（有些专家对此做出驳斥），很明显，这些党派的胜利已经成为移民问题在整个工业化世界的政治日程表上排位上升的重要原因。

除了催生新党派、引发新话题，学术文献还指出了移民对目的地国的政治和政治体制产生的至少两个方面的影响。关于移民及其后裔的参政权和代表权的讨论非常激烈，在比利时、法国和荷兰这几个移民无法获得国籍的国家尤其如此。二十世纪七八十年代，由于无法通过政治代表权的正常渠道来表达意见，他们通过参与工业罢工、抗议活动、饥饿罢工以及城市骚乱等方式团结起来施加影响。

近些年来越来越多的欧洲国家已经给予了移民一些政治权

利，包括在地方（并非全国）选举中的投票权和竞选公职的权利。这主要是因为人们越来越清楚地认识到，移民的长期居住是一个永久现象。有人认为，在自己居住的社区享有参政权是一项基本人权；也有些观点认为，不让移民获得参政权会导致社会局势紧张并引发冲突。在欧盟各国，所有欧盟公民现在都有权参加选举，也有权在所在国对当地及欧洲选举进行投票。有些国家（包括丹麦、芬兰、爱尔兰、荷兰、挪威和瑞典）允许欧盟国家以外的外国居民在地方选举中投票及竞选职务，前提是他们在这些国家居住已满一定年限。在其他一些国家（包括葡萄牙、西班牙和英国），在与相关国家达成相互协议的基础上，某些公民可以享有地方选举权。

移民对目的地社会政治的另外一个潜在影响是通过在身为移民后裔的公民中组成种族投票团队而实现的。在以色列，来自苏联的犹太人或许就是最好的例证，他们约占到以色列选民的百分之十五，1992年以来对每次大选的结果都有决定性的影响。在1996年公投决定魁北克在加拿大的未来时，魁北克的移民人口投票反对独立从而影响了公投结果。在2002年德国势均力敌的大选中，三十五万土耳其裔的德国人也成为重要的投票团。由于这种潜在的影响，政党越来越注意吸引移民出身的选民，英、美两国就是如此。

美国某些州的拉丁投票团的潜力让政治家们左右为难。一方面，对墨西哥的非常规移民采取强硬立场会赢得大量政治资本；另一方面，拉丁裔选民的选票还不能不要。除了波多黎各，约有四千二百万拉丁人口居住在美国——约占美国人口的百分之十四。在诸如加利福尼亚和科罗拉多这样的美国各州，拉丁裔选民的选票至关重要，而且有人认为，在全国范围内，拉丁裔选民的选票甚至能够决定能否控制众议院。此外，由于美国三分之一的拉丁裔居民尚不满十八岁，拉丁裔选民的选票未来可能更加不可小觑。

减少人口赤字

新近出现的一个话题是，移民到底能在多大程度上有助于解决与所谓人口赤字相关的问题：越来越多的工业化国家同时面临人口减少和老龄化的问题。出生率较低、平均寿命增高、医疗条件不断进步，三者合起来使问题更加严峻。年轻人越来越少，老年人的比重却越来越大，很多老年人退休之后还有三四十年的寿命。换句话说，经济上活跃的人（可以工作、能够使经济持续发展并且纳税的人）越来越少，而不再工作却期待着养老金并且越来越依赖福利体系来为其医疗和社会保障买单的人却日益增多。总之，年龄越大就越是需要更多的关注。

英国的养老金危机

本章的撰写正值2005年底，此时英国的养老金危机已达顶峰，上了报纸头条。似乎可以肯定，未来数年这一问题仍会高居政治议题榜首。问题的核心是纳税人数量之少已不足以养活英国靠养老金过活的人，而两者的比例正在变得越发于形势不利。1960年每位领取养老金的人由4位工作着的人来供养。到2005年则只有2.7个。据估计，到2050年每位领取养老金的人只有1.1位工作着的人供养。英国并非唯一一个面临一触即发的养老金危机的国家。

人口赤字在欧洲是一个特殊的问题，每个欧洲女性平均只生1.4个孩子，而据估计，要更新当前的人口她需要生2.1个。就像中国和日本一样，欧洲人口因此而减少，而且过不了多久俄罗斯也会有同样的问题。实际上，全球百分之四十以上的人口都居住在人口缩减的国家。同时也有一些重大差异，如某些欧洲国家所受到的影响就远没有那么严重，而美国本土人口已出现增长的势头。

大多数评论家认为移民不失为减少人口赤字的一种途径，尽管当前就其作用大小尚莫衷一是。只要移民正当工作年龄而且能够找到工作，只要他们合法工作以便纳税，他们就会对因为适龄工作人口不足而受到影响的国家做出贡献。有些人据此认为接纳更多的移民劳动力符合这些国家自身的经济利益。没有劳动力的迁移，它们将无从保持现有的养老金和福利水平。

与之相反的观点则认为，引进劳动力只是解决劳动力老龄化和缩减的短期策略。这是因为移民毫无疑问也会变老。此外，有证据表明，即便他们来自出生率较高的国家，他们还是会调整出生率与所在国的情况相适应。因此，到头来移民也同样会加大老龄一代的人数，其子女纵然愿意接替他们为其福利买单，但也是心有余而力不足了。

共识似乎是，移民并不能“包治百病”，仅此一招无法减少人口赤字。不过在一系列必要的应对方案中它倒是不可或缺。其他方案包括，增加能够鼓励女性生育的措施（如放宽产假期限等），提高退休年龄以延长人们的工作时间，提高本土人口失业率较高的国家的就业率，还有就是通过技术创新来提高生育率。还有一项令人不那么容易接受的选择，即减少养老金和各项福利，或者就是降低富裕程度。

丰富社会和文化

尽管移民问题有着明显的学科交叉的性质，但有关移民经济方面的研究与其他方面的研究之间相对来说却很少有可资相互借鉴之处。虽然要评估移民的非经济影响很难，但这些影响还是必须纳入移民在社会中的总体影响来综合考虑。

移民在全球范围内对社会和文化产生了影响，其最令人注目的方面是使社会和文化更加多样化，更加兼容并蓄。例子实在是不胜枚举。五花八门的音乐风格，如爵士乐、雷盖乐，还有旁遮普乐均源自移民。本·奥克瑞和萨尔曼·拉什迪是世界有名的移民作家，而移民经历也激发了大量的后殖民时代的文学创作——哈尼夫·库雷西的《郊区佛陀》、扎迪·史密斯的《白牙》、莫尼卡·阿里的《砖巷》都堪称典范。阿尔伯特·加缪曾是居于阿尔

图13　英国伦敦莱斯特广场展现出的种族多样性

及利亚的法国人。人们常说马沙拉[①]烩鸡这道印度菜现在已是英国最吃香的菜肴了。在加利福尼亚和佛罗里达的某些地区，西班牙语是现在最为通用的语言。世界各地的体育俱乐部引进了核心队员，而国家队则吸收了他们的后代。齐内迪纳·齐达内也许是他那一代最棒的足球明星，他是阿尔及利亚人的后裔，代表的却是法国队。

随着移民人口自身变得更加多样化，这种影响也随之越发巨大。英国就是一个很好的例子。一百多年间，大量的爱尔兰人移民到英国，他们仍然是那里最大的外来公民群体（2003年英国约有三十七万五千名爱尔兰人）。二十世纪五十年代以后，来自前

① 印度及其周边地区盛产的一种红茶。——编注

英国殖民地（印度、巴基斯坦、牙买加以及其他一些加勒比岛屿）的移民数量庞大。1970年以来，来自澳大利亚、加拿大、新西兰及南非的移民受到了积极鼓励。近年来，这些本已多样化的社会因为来自更多不同国家的人的加入而更加多样化。比如，二十世纪九十年代以来，由阿富汗、中国、伊拉克、科索沃地区和索马里到达英国的移民人数众多。有些人将当今英国的情况称为“超级多样化”。

同时，多样化程度的加深也会带来严峻挑战。由法国的头巾之争（见下文）足见多样化要与传统的民族原则相适应是多么困难。更实际可行的事，比如在英国或美国教三十人一班的小学生（其中有些在家说乌尔都语）就已经够难的了。两个孩子在家说乌尔都语，三个孩子因为刚从索马里来根本不会说英语，还有两个以汉语为第一语言，这样的班教起来又是另外一种挑战。不过，总的来说，能够成功应对多样化所带来的挑战的社会从中得到的益处不可估量。

法国的头巾之争

2004年2月法国通过了一项法令，禁止在公立学校佩戴明显的宗教标志。尽管该法令也要求锡克教男孩不得佩戴缠头巾，但大多数因之而起的争论都是围绕着穆斯林女子佩戴头巾（亦称“海加布”）的问题。法国政府在试图使宗教人口融入世俗社会方面陷入两难境地，而围绕这些宗教标志的争论可谓正中要害。该法令的支持者认为，学校应该是一个中立的环境，所教的、所反映的应该是宗教与教育分离、共和主义和公民义务的原则。相反，反对者认为该法令带有歧视色彩，尤其是为法国的反穆斯林和反阿拉伯情绪火上浇油。

对多样化的正面和负面影响感受最深的主要是一些大城市，尤其是像纽约、伦敦及香港特别行政区这样的所谓国际化城市。移民至少在三个方面成为这类城市特色的不可分割的一部分。首先，国际化城市尤其依赖高技术移民和公司内部调动人员来促进国际金融、法律服务，以及像会计、广告和保险之类的高级商业服务的繁荣，这些领域正是国际化城市经济地位的基础。其次，移民通常也干一些任何城市都必须赖以运行的地位低下的工作，如运输、垃圾处理、接待、建筑、饮食服务等。

最后，由于工作机会的关系，国际移民越来越集中在国际化城市及全球其他一些大城市。由于倾向于在自己的社区安家，还有就是在靠近可以提供当地机构难以提供的特别帮助的地方（如教堂、清真寺和社区中心）安家，移民通常会聚居在某些特定的区域。移民社区集中的现象给全球主要城市增添了鲜明的色彩和特色，形成了闻名世界的一些街区，如纽约和伦敦的“唐人街”和“小意大利”。同时，移民会聚居在这些城市最贫穷的地方，形成通常所说的贫民窟。

城市中的移民

移民集中在全球城市中最贫穷的地方，这样的例子数不胜数。巴黎和法国其他主要城市贫穷的市郊住的主要是阿尔及利亚人和其他北非人口。孟买的达拉维被认为是世界上最大的贫民窟，那里的主要语言为泰米尔语（印度南部和斯里兰卡的移民都住在那里）。在曼谷，缅甸移民主要居住在孔堤的贫民窟。许多巴勒斯坦人还住在约旦首都安曼脏乱不堪的难民营里。约翰内斯堡的一个违章搭建居住区布罗，主要住着来自尼日利亚的移民还有说法语的非洲地区的移民。住在哥斯达黎加圣何塞的非正式居住区的人一般来自尼加拉瓜。孟加拉人、阿富汗人和缅甸人喜欢住在巴基斯坦卡拉奇的巴尔迪亚镇和奥兰支镇未经规划的区域。

移民还可以通过形成新的跨国身份这种方式来丰富社会和文化。第二章提到，有人将跨国主义视为政治问题，因为它会潜在地削弱对国家的忠诚。同时，根据跨国主义杰出的理论家史蒂夫·韦尔托韦茨的观点，跨国主义具有潜在的变革社会和文化的影响。首先，跨国移民创造了跨越国境的新的社会结构。其次，随着具有双重或多重身份的移民的增加，跨国主义催生了新的意识。第三，跨国移民提供了文化繁衍的模式。跨国移民在新语境下对其文化进行阐释和糅合，创造了新的杂交文化。第四，跨国移民会成为资本新来源的核心，移民汇款回家就是一个好例子，这在第四章有详尽描述。第五，跨国移民为政治斗争提供了新战场。尤其值得一提的是，他们可以齐心协力在国外对本国政治施加影响。最后，有人认为跨国主义会导致地方和区域重建。换句话说，移民会改造目的地社会以慰思乡之情。

也有针对跨国主义这一概念的批评。有人说以上描述的种种过程毫无新意；有人说这些都是夸大其词，对世界上大多数地方的大多数移民都不适用。尽管如此，就连那些最激进的批评家或许也会同意，移民与全球化相互交织，使目的地国的社会、文化、经济都发生了改变。这些改变不可逆转。

第八章

国际移民的未来

国际移民的未来变幻莫测，难以预料，希望本书对此已经做了足够的说明。概念上和数据方面的问题意味着要说清什么人算是移民、究竟有多少移民都非常困难。移民问题与更为广泛的全球经济和社会变化相互交织、密不可分，其发展状况有可能发生突变。与移民入境及入境后地位密切相关的移民和难民体系会受到时常变化的国内政治议程的影响。移民政策未必总能达到预期效果。对于移民的第二代和第三代来说，移民所隐含的意味根据国家和人群而各有不同，因而不能一概而论。

同时，要辨清移民模式、移民进程及移民政策当前的趋势还是有可能的。这种种趋势可能会对未来几十年国际移民的状况产生影响。通过逐一讨论以前各章的主题，本章作为最后一章将要指出和讨论某些趋势。

亚洲移民

多数批评家都会同意，本书第一章所指出的移民问题的变化发展还将继续。在可预见的将来，国际移民在规模和多样性方面或许都会继续发展并直接或间接地影响全球每一个角落。国际移民中女性的比例将会加大。短期移民和循环移民似乎势必将成为更具主导地位的移民模式。伴随诸如高技术移民的增长等利好因素，国际移民促进全球经济增长的潜力会更加巨大。同样，由于超级多样化的进一步加深，移民所带来的社会挑战也会更加严峻。换言之，移民问题仍将是一个举足轻重的问题。

也许，在可预见的将来，没有什么地方的移民问题比亚洲的更重要。二十世纪七八十年代，来自亚洲的国际移民增长迅猛，其目的地主要是北美、澳大利亚和海湾各国。2000年美国的亚洲移民超过七百万——作为移民来源国，中国每年入境美国的移民在人数上仅次于墨西哥。根据经济合作与发展组织的估计，澳大利亚的亚裔人口超过一百万，即移民总人口的四分之一，或全国人口的百分之五，而在海湾各国工作的亚洲移民则至少有五百万。

不过，当前移民的主要增长却是在亚洲内部。据估计，2000年在异国就业的亚洲人达六百二十万，但并未超出亚洲范围。根据国际劳工组织的估计，尽管受到1997年到1999年亚洲金融危机的影响，1995年以来亚洲内部的求职务工移民每年仍以约百分之六的速度增长。主要来源国是那些劳动力极大过剩且又相对贫穷的国家，以菲律宾为典型，也包括孟加拉国、印度、印度尼西亚、巴基斯坦和斯里兰卡。其主要目的地为“亚洲四小龙”或东亚的新兴工业化国家，包括日本、马来西亚、新加坡和泰国。

国际移民的增长潜力非常巨大。东亚和东南亚的经济发展丝毫没有放缓的迹象，因此这些地区势必会吸收更多的移民工人。中国现已超过日本，成为全球第三大贸易国。这种变化的发生也仅是二十年间的事，主要是集中在珠江三角洲和长江三角洲。珠江三角洲的劳动力已显不足，估计短缺约两百万。为了与长江三角洲竞争，珠江三角洲不得不将目光投向西部以寻求劳动力，先是西部各省，再是亚洲其他地区甚至是撒哈拉沙漠以南的非洲。该地区的劳动力似乎与需求同步快速增长。印度次大陆有大量富余劳动力，迁移的迹象也越来越明显。菲律宾和印度尼西亚的人口也有不少增长，而两国都将劳动力输出视为未来经济发展策略中的重要组成部分。

亚洲移民之所以引人注目，还有一点就是其多样性。第一章讨论的移民发展变化的种种情况它大多吻合。女性移民比例上升，因为该地区移民劳动力所从事的工作很多都是在家政、娱乐、接待、服装和电子装配等行业。下面我们将看到，前往北美的高技术移民和学生移民的增长尤其明显，同时仍有大量的非常规移民、难民和“国内流离失所者”。短期移民仍是该地区的主要模式，绝大多数劳动力移民都是以合同为基础的，因为大部分亚洲国家都坚决反对移民永久居住。

内部移民

第二章旨在解释为何概念方面的挑战、数据难题及各国不同的政策意味着对移民进行界定很难做到直截了当。一如本书主旨，第二章的重点完全放在了国际移民上。然而，一旦国内移民也被牵涉进来，则定义起来就更为复杂：他们的数量多之又多，而对其进行统计的国家则少之又少；他们迁移的目的也同样多种多样；有时要将他们与国际移民区分开来非常困难，在边境变更、边境不明确或边境检查松懈的地方就是如此。

据估计，仅中国一国的国内移民就有一亿四千万，而全球的国际移民也不过就是两亿。另外，在未来几年里，国内移民的增长速度势必比国际移民还要快。未来二十年里，仍将有三亿中国人会在本国迁移——换句话说，仅中国一国的国内移民数量就将增长三倍。

仅规模本身就使国内移民理应受到比现在更大的关注。但是，国内移民之所以会对国际移民的未来形势产生举足轻重的影响，原因在于，国内移民往往是国际移民的前奏。换句话说，从乡村迁移到城镇的人往往随后会移居国外。解释有如下几条。一是，国内移民是社会中较有创业精神的人，这些人能自主决策，相应地会不畏艰难再度越境迁移。二是，他们具备移民的直接经验。三是，由于移居城镇，他们通常也会接受更多的教育，获得更多的信息，收入也更高，对交通方式的选择也更广。国内移民尤其能使女性获得更大自由，因为比起农村，城市通常没那么保守，男权意识也没那么强，女性因此有机会接受更好的教育、参加工作并变得更加独立。

国内移民也会促进发展。据估计，国内移民近年来每年对中国国内生产总值的增长所做出的贡献高达百分之十六。主要原因是，国内移民是缓解某些地区失业状况和填补其他地区劳动力市场空缺的一种途径。为数有限的调查显示，国内移民给家里的汇款也相当可观。根据一项估计，中国国内移民每年寄回家的钱相当于三百多亿美元——主要由移居城市的农民工寄回农村地区。他们的汇款有助于缩小中国的城乡收入差距，缓解地区财富不均的状况，改善农村的贫穷状况，支付教育和医疗费用，以及促进消费和投资。

高技术移民

第三章展示了全球化的方方面面对移民的影响。在可预见的将来，全球经济结构性的不均衡会继续存在并继续导致移民活动，而通讯和交通的革新以及移民网络和移民产业的发展势头还将进一步为移民大开便利之门。移民问题与全球化将继续相互交织，不可分割。

引人注目的是，全球化也意味着有些人比以前更具流动性，尤其是那些有一技之长的人。尽管高技术移民在移民总数中所占比例相对较小，但其影响却会日渐扩大。换言之，高技术移民的经济意义远远胜过其数量意义。高技术移民造就了理查德·佛罗里达所谓的改变工作、休闲、社区以及日常生活的新“创新阶层”。值得注意的是，佛罗里达在其颇具影响的《创新阶层的崛起》一书的姊妹篇《创新阶层的迁徙》中描述了这些专业人员中间日渐增长的流动性。

同时，发达经济区域的变革（金融领域及其相关服务的发展，工业与服务业对科技依赖程度的加深，因人口赤字引起的对医护人员需求的加大，为保持竞争优势对教育和研发的重视）使各国提供更加优厚的条件从全球有限的技术人员储备中吸引专业人员。各个富国已经卷入了某些评论家所谓的人才争夺战之中，这似乎会决定未来移民政策的状况。在他的第二本书中，佛罗里达引用了当时新西兰研究、科学与技术部部长皮特·霍奇森的话："我们不再认为移民政策的作用是把守门户，而是将其看作经济发展所必需的吸引人才的途径。"

主要的新趋势之一就是，美国不再像在二十世纪大部分时间里那样，认为自己必定能把世界上最优秀、最聪明的工人和学生吸引过来。在过去几年里，法国、德国、荷兰、英国等国的政府已经意识到有必要放宽高技术工人进入本国的限制条件，并相应地调整了本国的政策。欧盟正在考虑向高技术工人颁发"求职许可证"。2001年以来，澳大利亚允许外国学生更加便利地进入劳动力市场，而不是要求他们回国。部分是为了应对日益激烈的竞争，美国议会在2005年投票决定将H-1B签证的年度配额由六万五千个提高到九万五千个，这个数字在未来几年似乎还会增长。

由于失业率居高不下，近年来德国堪称招募技术工人的沃土。2005年，澳大利亚、新西兰和加拿大都积极从德国引进技术移民。但是，网罗人才的现象并不仅限于工业化社会，中国、印度和东亚也同样如此。除了吸收国外的技术工人，澳大利亚和新西兰也有吸引本国人才重返故里的招募计划。

相关的一个趋势是对外国学生的争夺日渐激烈。原因之一就是，在大多数国家外国学生的学费远远高于本国学生，而且招收他们对大学院校而言是一项不错的投资。更长远的考虑在于今天的外国学生就是明天的技术移民。经济合作与发展组织2005年的一份报告显示，澳大利亚、法国、德国、英国和美国吸收了来自其成员国百分之七十的外国学生。2004年，仅美国一国就招收了五十六万五千名外国学生，其中半数以上来自亚洲国家。然而，近年来美国的份额有所下降，主要是因为“9·11”以来的签证政策使某些国家的学生求学美国的难度加大。同时，随着国内大学水平的提高，来自中国和印度这两个全球最大的留学生来源国的学生人数已经变得毫不稳定。这种竞争会在很大程度上改变美国和欧洲未来几年的学生政策。

短期移民

第四章集中讨论了移民影响来源国发展的种种方式。首要主题还是汇款，根据所有的估计，汇款还会进一步增长——世界银行2006年的初步估计认为，全球正式汇款的规模达到两千五百亿美元。流散移民的影响也会扩大，因为越来越多的来源国意识到他们的潜力并且努力发挥他们的力量。

返乡移民也势必会增长，正如第四章所提到的，返乡移民可谓应对人才流失的最佳长期方案。原因之一是，世界上越来越多的国家正在出台短期移民政策，意义在于允许移民工人短期居留，然后按协议返回本国。这些移民政策对于高技术工人和低技术工人同样适用。

二十世纪九十年代初，德国成为世界上最大的短期移民接收国，至今每年仍有二三十万短期移民陆续进入该国。如今美国接纳的短期移民数量最多——二十世纪九十年代初以来，数量已经是之前的四倍，每年超过五十万。在工业化国家中，日本位居第三，每年约二十万。尽管总体数量已明显减少，但是随着吸引短期劳动者的新政策的出台，在其他一些发达国家，尤其在欧洲，短期劳动者入境也有所增长。

另一个获得短期外国劳动力的途径是使非常规移民常规化并授予他们有限期的合法工作许可证。2005年西班牙使约七十万非常规移民常规化，其中没有一人获得合法的永久居留权，其背后的驱动因素就是为了获得短期外国劳动力。美国国会2005年的科宁-凯尔法案使一项短期劳动者计划应运而生。该计划将对首批回国的非常规移民开放，但还是不允许他们永久在美国定居。马来西亚从印度尼西亚、孟加拉国和菲律宾吸引了数十万的劳动力，该国现在也在尝试使自己的非常规移民变成合法的短期劳动者。2004年，马来西亚政府宣布，允许非常规移民不受惩罚地在年底离开本国，允许如期离开的移民通过正常渠道重返马来西亚工作。由于海啸的影响，离开印度尼西亚的最后期限被推迟到2005年。

对于目的地国而言，短期移民的优势是，它可以在特定时期和特定地点填补劳动力市场的某些空缺。短期移民也可以避免社会融合的长期挑战，这也就缓和了目的地国国民对移民的消极态度和反应。对于来源国而言，短期移民能够降低本国的失业率并通过汇款促进资金流入。移民会在一定期限后重返家园，人才流失的长期影响从而得以避免，此外，由于移民回国带来了新的技术，来源国也会因此受益于“人才回流”。

就短期移民政策还有两点主要的疑虑。一是它并非始终维护移民的权利。人权倡导者经常会就某些问题表示关切，例如有关海湾国家家政服务合同工的待遇问题。即便是在那些直接剥削并不严重的地方，有些评论家相信短期移民政策会不可避免地导致两个层次的移民产生——可以完全融入当地社会并享受融合所带来的好处的永久移民和因为要确保返回本国而使自己边缘化、远离主流社会的短期移民。

返回本国的问题是讨论中的第二个主题。质疑者以欧洲早期短期移民政策的发展为依据——本应是短时间停留的“客籍工人”最终都永久定居在了法国、比利时，尤其是德国这样的国家。对这种情况，有这么一句时常被引用的老话，“没有什么比短期移民更长久的了”。瑞士小说家马科斯·弗里希的另一句话也有助于解释这个问题：“我们要的只是在这儿短期干活的，得到的却是在这儿永久生活的。”换句话说，人们一旦有了一份不错的收入，有了安身之所，建立了社会网络——简言之，一旦人们开始有了“家的感觉”——他们大概就不会如人所愿，再想着返回故土了。

从控制非常规移民到管理非常规移民

希望第五章已经明确地说明了对于受影响的各方非常规移民都是一个严重的问题，尽管未必像媒体和有些政客所强调的那样。抵制非常规移民的努力在全球移民政策议程上仍将占有突出位置。不过近年来不管是政策制定者还是学者，在此问题的措辞方面已经有了微妙而又意义重大的改变。过去人们说的是控制非常规移民（事实上主要是指国际移民），现在则倾向于说管理非常规移民。

其中的言外之意倒不是说各国对非常规移民不再那么重视了。据估计，仅2002年一年加拿大、德国、荷兰、英国以及美国在应对非常规移民的问题上总共花费了约一百七十亿美元。同时，越来越多的人认识到，非常规移民不可能被完全制止。它将继续成为国际移民未来的重要组成部分。

第一个原因就是，决定国际移民规模（包括非常规移民）的各种力量非常强大，如不同社会日益加大的繁荣程度及人身安全等方面的差距。第二个原因是，有些国家缺乏解决非常规移民的政治决心。这主要是指某些非常规移民的来源国，在这些国家非常规移民不无裨益，既能缓解失业压力，又能提供汇款和海外投资。即便是在目的地国，从经济方面看，人们也会认为非常规移民发挥了不小的作用。随着管制的放宽、自由化的提高以及灵活性的加强，对不同形式的、条件无保证的无技术和半技术劳动力的需求日益加大。非常规移民提供了廉价劳动力，而且通常愿意做那些常规移民和本国国民所不愿意干的工作。

第三个原因是，旨在减少非常规移民的政策有时不会奏效甚或还会带来不良后果。尽管其间纠葛难有明证，许多学界专家认为欧洲加大对寻求庇护者的限制力度，后果之一就是助长了移民偷渡。简言之，问题的关键是人们想要继续进入欧洲——有些是为了免遭迫害，有些是为了寻求工作。如果他们无法通过申请庇护合法地完成心愿，他们就会通过蛇头非法地达到目的。

长期看来，诸如边境隔离墙、生物测试还有签证都不可能减少非常规移民。也许，这些手段要真正奏效还需与其他一些能够治本的积极主动的措施相配合，包括实现发展目标以加强安全并提高来源国的生活水平，以及提供更多的合法移民机会等。同时，期望各国会完全解除控制、开放边境是不现实的，有时倒真是有这样的倡议。大多数评论家现在都认为非常规移民在可预见的将来仍会继续存在。

内部的流离失所

第六章最引人注目的信息，同时也的确是当代国际移民活动中值得大书一笔的，就是全球难民和寻求庇护者的数量已经明显减少。难民人数达到二十五年来的最低水平，欧洲的庇护申请也只是十五年前的一半。

这正是国际社会时下对国内流离失所者予以更大关注的原因之一。还有就是，与难民不同，他们的数量已经迅速增长。据估计全球因战乱而无处安身的流离失所者多达两千四百万。还有比这多好几百万的人因为环境因素而被迫迁移——2004年底对斯里兰卡和印度尼西亚打击尤甚的亚洲海啸，2005年8月将美国墨西哥湾沿岸化作一片废墟的卡特里娜飓风，2005年10月巴基斯坦北部的地震（其间好几百万的人背井离乡），还有数百万人因为诸如建设大坝和新城市之类的开发项目而背井离乡。

此外，近年来国际社会显示了干预国内或他国主权事务的意愿——不仅提供人道主义援助也促成一些改变。政治科学家们认为，与此同时，主权的概念正在改变，越来越多的国家意识到主权不仅意味着权利，同时也意味着保护国民的责任。如果某个国家保护乏力，它就应该向国际社会寻求帮助。

由于这些原因，国际难民体系开始将国内流离失所者纳入其中，尽管给予的关注还很有限。一方面这意味着一个新公约的产生和联合国一个新部门的创立。另一方面，联合国已经出台了《关于国内流离失所问题的指导原则》。尽管这些原则同公约一样不具法律效力，但仍被广泛认为是国家法律和政策制定的准绳。另外，许多联合国机构，包括联合国难民事务高级专员公署正在正式地扩展自己的活动以便承担一些处理国内流离失所者问题的责任。

争议也并非就没有。有人认为需要有更正式、更具约束力的应对方案——为什么针对九百万的难民有一个庞大的联合国机构，而两千四百万国内流离失所者却没人管？也有人反对说，国内流离失所者都是各自国家的公民，在他们的国家也有许多没有进行过内部移民的穷人，他们的需求不应凌驾于那些穷人之上。第六章解释过，联合国难民事务高级专员公署已经面临预算危机，而且批评家们会说该机构尚不能始终有效地完成自己在难民方面的使命，怎么能指望它再去保护并援助上千万的国内流离失所者？不管决议如何，在联合国以及其他一些人道主义机构的议程上国内流离失所者正在迅速受到关注，在未来数年里这一问题将非常突出。

尊重移民

第七章是围绕移民对侨居国经济、政治、社会和文化影响的主要讨论。随着移民规模的进一步扩大和多样性的进一步增加，毫无疑问，各个社会将会继续积极应对融合的挑战，同时也会根据新的全球经济现实、新的安全原则和基本的人口变化做出调整。设在华盛顿特区的颇具影响的移民政策研究所组织了一项调查，调查中移民问题专家讨论了2005年十大移民问题，其中位居榜首的是穆斯林融入欧洲社会方面的挑战。尽管与2005年的许多特殊事件明显相呼应（伦敦地铁爆炸案，荷兰谋杀电影制片人提奥·凡·高的第二代摩洛哥人被判终身监禁，巴黎及法国主要城市弱势移民社区长达两周的骚乱），但这还是说明了融合问题已经上升到了政治议程的榜首。

然而，不少评论家担心，移民的权利可能会被归并到更为广泛的国家和国际经济、政治，尤其是安全等忧虑中去。维护移民权利在可预见的将来会成为移民政治的重要组成部分。

尽管第七章提供了移民广泛成功的范例（侨民企业家、高技术人员及跨国移民），该章同时也提醒，有些移民团体会面临失业或者做地位低下的工作，居住条件也很差。大量证据证明，移民会面临某些不利因素。他们经常毫无法律权利可言或者即便有也非常有限，在刑事审判体系中也遭受歧视。他们接受教育和医疗的机会也很有限。他们通常不能享有公民的参与权。他们还会遭受骚扰、种族和宗教仇视，以及暴力。

女性则面临某些特殊的挑战。当然，有些人会很成功，而且移民的确能够使女性获得权力。但是因结婚而移民的女性、做家政劳工的女性，或者从事娱乐业和性行业的女性特别容易遭受剥削和社会孤立。贩卖人口的具体问题已经解释过了。女性移民在许多国家的劳动力市场上都遭受歧视。如果她们怀孕就会被解雇甚至驱逐出境，如果染上艾滋病就会蒙受耻辱。尤其是在贫困和边缘化的社区，她们还面对着遭受家庭暴力的危险。此外，比起男人，她们待在家里的可能性更大，因此对她们来说，要掌握融入新社会所必需的语言技能和建立社会网络就更加困难了。

儿童也需要特别的关注。离开了熟悉的生活方式，置身于一个语言和文化都很不相同的社会，比起成年人他们遭受的创伤更加严重。移民在家庭中可能导致不同性别以及不同辈分之间关系紧张，这进而又会非常直接地影响到孩子的幸福。最糟糕的是，这种紧张关系还会导致暴力和虐待，尤其是针对女孩和年轻女性。移民子女在成长过程中也会有孤立感，他们很难确定自己的身份，也很难忠于国家，这在他们遭受歧视和排外时尤其明显。

结　语

本书的整体目标始终是为了给更加理智地讨论国际移民问题定下基调。这种讨论所考虑的应该是事实而不应依赖于夸大其词的媒体报道。这需要将地区问题纳入全球语境中去看待。这种讨论应该考虑人口迁移的整体情况，而不是把目光放在一两个群体上，更不应该把他们妖魔化。在使用“移民”这个词时，应当明确、一致、毫无偏见。这种讨论应该清楚统计数据的局限。相关各方都应不偏不倚地看待移民方方面面的有利因素和不利因素。

译名对照表

A

abduction 绑架
activism 激进主义
Afghanistan 阿富汗
Africa 非洲
African-Americans 非裔美国人
agricultural workers 农业劳工
Algerian migrants 阿尔及利亚移民
Ali, Monica 莫尼卡・阿里
amnesties 大赦
Angola 安哥拉
Annan, Kofi 科菲・安南
anti-immigrant extremism 反移民极端主义
Armenian diaspora 亚美尼亚流散人口
Asia 亚洲
Asian tsunami (December 2004) 亚洲海啸(2004 年 12 月)
assimilation 同化
asylum-seekers 寻求庇护者
Atlantic Records 大西洋唱片公司
Australia 澳大利亚
Austria 奥地利

B

Balkan wars 巴尔干战争
Bangkok 曼谷
Bangladesh 孟加拉国
banks 银行
Belgium 比利时
Bengalese migrants 孟加拉移民
Bhutanese refugees 不丹难民
biometric testing 生物测试
Blok, Vlaams 弗拉芒集团
bogus marriage 假结婚
Bolivia 玻利维亚
border controls 边境检查
Borjas, George 乔治・布加斯
Bosnia 波斯尼亚地区
brain drain 人才流失
Burkina Faso 布基纳法索
Burmese migrants 缅甸移民
Burundi 布隆迪
Busch, Adolphus 阿道弗斯・布施

C

Camus, Albert 阿尔伯特・加缪
Canada 加拿大
capital flow 资本流动
Caribbean 加勒比海地区
Carnegie, Andrew 安德鲁・卡内基
Castles, Stephen 斯蒂芬・卡斯尔斯

D

E

F

G

H

I

J

U

Ukraine 乌克兰

UN High Commissioner for Refugees 联合国难民事务高级专员

UN (United Nations) 联合国

unemployment 失业

United Kingdom 英国

United States 美国

V

van Gogh, Theo 提奥·凡·高

Venezuela 委内瑞拉

Vertovec, Steve 史蒂夫·韦尔托韦茨

Vietnam war 越南战争

Vietnamese "boat people" 越南的"船民"

Vikings 维京人

violence 暴力

visas 签证

voluntary repatriation 自愿归国

W

wages 工资

"war on terror" "反恐战争"

warfare 战争

water supply 供水

weaponry 武器

welfare benefits 福利

women 女性

work permits 工作许可证

World Bank 世界银行

X

xenophobia 排外

Y

Yahoo 雅虎

Yemen 也门

Z

Zambia 赞比亚

Zhou empire 周王朝

Zidane, Zinedine 齐内迪纳·齐达内

Zolberg, Aristide 阿里斯蒂德·佐伯格

扩展阅读

There is an enormous academic literature on international migration and refugees. A few key texts are identified below for further reading around the topics covered in each chapter of this book, but the list is by no means comprehensive. Much of the research that this book has drawn upon appears in journal articles: *Asia and Pacific Migration Journal* (Quezon City: Scalabrini Migration Center), *International Migration* (Washington, DC: Institute for the Study of International Migration), *International Migration Review* (New York: Center for Migration Studies), *Journal of Ethnic and Migration Studies* (Brighton: University of Sussex Centre for Migration Research), and *Journal of Refugee Studies* (Oxford: Refugee Studies Centre) are all important sources for up-to-date research articles. The website of the Centre for Migration, Policy, and Society (COMPAS) at Oxford University at www.compas.ox.ac.uk is also a useful starting point for further reading as is the Migration Information Source (www.migrationinformation.org) of the Migration Policy Institute. The websites of IOM (www.iom.int) and UNHCR (www.unhcr.ch) are good sources for reports and data on international migration and refugees respectively.

Chapter 1

IOM, *World Migration 2005: Costs and Benefits of International Migration* (IOM, 2005) is the most recent edition of a regular publication by IOM that provides an overview of contemporary migration issues and data.

Stephen Castles and Mark Miller, *The Age of Migration: International Population Movements in the Modern World* (3rd edn, Macmillan, 2003) is the leading text on contemporary migration patterns and processes; and includes an overview of the main theoretical approaches and debates.

Robin Cohen, *The Cambridge Survey of World Migration* (Cambridge University Press, 1995) is a comprehensive collection of short articles on various migration issues worldwide over the past three centuries.

Chapter 2

Alex Aleinikoff and Douglas Klusmeyer, *Citizenship Today: Global Perspectives and Practices* (Carnegie Endowment for International Peace, 2001) provides a global comparative overview of different models and policies for integration and citizenship.

Paul Boyle, Keith Halfacree, and Vaughan Robinson, *Exploring Contemporary Migration* (Longman, 1998) includes an overview of concepts and categories of international migration.

Steven Vertovec and Robin Cohen, *Migration, Diasporas and Transnationalism* (Edward Elgar, 1999) is a collection of the key academic articles and chapters on diasporas and transnationalism over the preceding 20 years.

Chapter 3

Stephen Castles and Alastair Davidson, *Citizenship and Migration: Globalisation and the Politics of Belonging* (Macmillan, 2000) examines the impacts of globalization on new forms of migration and identity.

Stephen Castles and Mark Miller, *The Age of Migration: International Population Movements in the Modern World* (3rd edn, Macmillan, 2003) is particularly strong on analysing the links between globalization and international migration.

Peter Stalker, *Workers without Frontiers: The Impact of Globalization on International Migration* (Lynne Rienner, 2000) adopts a global perspective to analyse trends and policies in labour migration and considers the debate on open borders for workers.

Chapter 4

IOM, *World Migration 2005: Costs and Benefits of International Migration* (IOM, 2005) focuses on migration and development as the theme for the latest edition of this biennial report.

Ron Skeldon, *Migration and Development: A Global Perspective* (Longman, 1997) provides an overview of the relationship between migration and development, with a particular focus on Asia.

UNDESA, *World Economic and Social Survey 2004* (UNDESA, 2005) focuses on contemporary international migration and contains data and in-depth analysis.

Chapter 5

Ko-Lin Chin, *Smuggled Chinese: Clandestine Immigration to the United States* (Temple University Press, 1999) is an in-depth analysis of migrant smuggling between China and the USA.

Bill Jordan and Franck Duvell, *Irregular Migration: The Dilemmas of Transnational Mobility* (Edward Elgar, 2003) contains a theoretical overview of irregular migration, a series of case studies of irregular migrant populations. Its focus is the UK.

David Kyle and Rey Koslowski, *Global Human Smuggling* (Johns Hopkins Press, 2001) is an edited collection of chapters on migrant smuggling and human trafficking around the world.

Chapter 6

Gil Loescher, *The UNHCR and World Politics: A Perilous Path* (Oxford University Press, 2001) describes the evolution of UNHCR and the international refugee regime.

Susan Forbes Martin, *Refugee Women* (2nd edn, Lexington Books, 2003) focuses on refugee women and policy recommendations.

UNHCR, *The State of the World's Refugees* (Oxford University Press, 2006) is the latest edition of a biennial UNHCR publication providing an overview of current asylum and refugee issues and data.

Chapter 7

George Borjas, *Friends or Strangers: The Impact of Immigration on the US Economy* (Basic Books, 1990) analyses the economic impact of immigration in the USA during the 20th century.

Robin Cohen and Zig Layton-Henry, *The Politics of Migration* (Cheltenham: Edward Elgar, 1997) includes an overview of the political impacts of migrants and migration.

Alejandro Portes and Ruben Rumbaut, *Immigrant America: A Portrait* (3rd edn, University of California Press, 2006) analyses the various impacts of immigration in the USA.

Chapter 8

Wayne Cornelius, Phil Martin, and Jim Hollifield, *Controlling Immigration: A Global Perspective* (2nd edn, Stanford University Press, 2003) compares policies on migration control and their underlying philosophies around the world.

Richard Florida, *The Flight of the Creative Class: The New Global Competition for Talent* (Harper Collins, 2005) analyses highly skilled migration and the global competition for skills.

Ari Zolberg and Peter Benda, *Global Migrants, Global Refugees: Problems and Solutions* (New York: Oxford University Press, 2001) is an edited volume of chapters on a variety of current and future migration and refugee challenges.